AF509497

Tao y Zen

La sencillez engañosa, la sencillez profunda

Alfonso Araujo

EDICIONES RUBEO

© Alfonso Araujo
www.lmndsxtrn.blogspot.com
© De esta edición: Ediciones Rubeo, 2021
www.edicionesrubeo.com
© Diseño de portada: DG Angélica McHarrell
www.mcharrell.com
© Caligrafía: Zhang Daowen
ISBN: 978-84-123753-7-4

Para Coco

Índice

Un atisbo del Tao 9

Introducción 11
Intentos por traducir el Tao para Occidente 14
¿Cómo acercarse al Tao? 18
Un taoísta conversando 19

Criticando a Lao Tse: palabras, palabras 21

Chuangtse 23
El arco perdido 25
Escoger o no escoger 27

I Ching y Tao: una relación sutil 31

¿Qué son los Cambios?   33
Cambio sin entendimiento   35
El concepto de Armonía   37
Entendimiento y Acción   40
La Serenidad como fundamento 42
Unidad y Manifestaciones: dos estudios 44
La Alquimia de la Mente   46
La Firmeza y la Flexibilidad   48
Los Tiempos, la Eternidad y el Abismo 49

Confucianismo y Tao: una relación humana 51

Tres sabios probando vinagre 53
Zhou Zhu y las tres cosas terribles 57
La moderación en los ritos 60
Las tres estaciones del año 61
Las percepciones y las actitudes 62
Los consejos a los oficíales 66
Las palabras de los otros 68
Del espíritu de servicio de un oficial 69
Maestros rurales y fe que mueve montañas 71

Confucio contra Lao Tse 74

Zen: dedos que apuntan a la luna 77

Si tienes un bastón   79
El pasto y los árboles 81
Un venado y un sueño 81
El hielo y el barro   84
No hacer nada   86
¿Buda fue engañado? 88
Iluminación en una sola noche 89

Poetas y Cuentos 91

La flauta sin agujeros, el arpa sin cuerdas 93
Los locos 96
Cabellos blancos 98
El exquisito placer del ocio 99
El ratón y el genio 103

Los maestros japoneses: arte y combate 105

Tao y Zen   107
Tao, Zen, Espada   109
Forma, función y esencia   112
El Tao en el arte ecuestre   116
El maestro y la verdad   118
El maestro de teatro   119
La práctica de la espada   121
El entendimiento súbito   123
Aprendiendo de todas las cosas 124
Los secretos 125
Tomando té, disfrutando de las flores 127

Epílogo   129
Bibliografía 132

Un atisbo del Tao

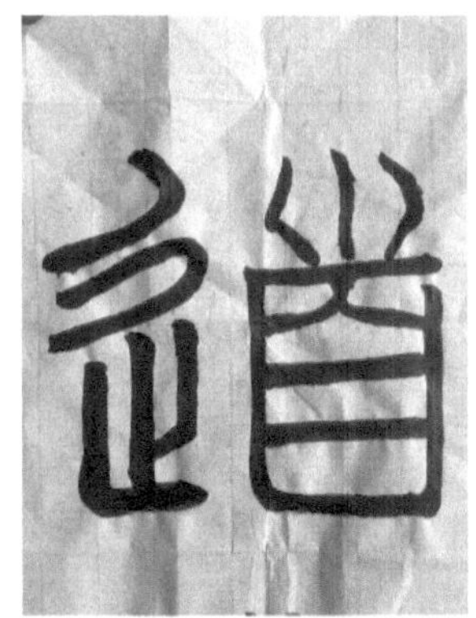

Introducción

Mucha de la filosofía en Occidente tiende a lo especulativo y definitorio (las ideas, el ser en sí, ontología vs. óntica, etc.) mientras que el Taoísmo es algo que yo llamo "filosofía campesina", y que tiende más a lo práctico. Estas son dos frases muy generales que desde luego no son ciertas en los detalles.

El taoísmo filosófico (no el ritual religioso que derivó de él) en efecto parte de pocos conceptos, sencillos, pero que a medida que se van combinando y extrapolando en sus relaciones, abarcan todas las cosas. El yin-yang es uno de los símbolos más sencillos y que sin embargo más abarcan. Alfonso Reyes dijo en sus Apuntes para la Teoría Literaria que "todo lenguaje lleva implícito una interpretación del mundo, y toda retórica es una ética", y en este sentido, el lenguaje del taoísmo es llano y sencillo, reflejo de su concepción del mundo. Sus alegorías son las de las estaciones que se suceden, del día que sucede a la noche y de caballos que pastan. Esta sencillez es común a muchas tradiciones antiguas, pero a diferencia de las glosas de éstas, las discusiones metafísicas del taoísmo son más limitadas y siempre permanecen firmemente ancladas en la experiencia.

Los oficiales-poetas Tao Yuanming y Su Dongpo, son dos ejemplos contrastantes en sus formas, pero similares en su espíritu:

Si del cielo cayeran sólo perlas,
los que tienen frío no tendrían con qué cubrirse.
Si del cielo cayera sólo jade,

los que tienen hambre
no tendrían con qué hacer una comida.

Su Dongpo

Me hice una choza entre los hombres.
Y, sin embargo, no oigo ni el ruido de los caba-
llos
ni el de los carruajes.
¿Cómo puede ser esto?
El corazón distante crea la soledad.
Recojo crisantemos detrás del seto del Oeste,
y a lo lejos se ve la montaña del Sur.
Al atardecer, el aire de las montañas es deli-
cioso.
Vuelan los pájaros uno en pos de otro.
En todo esto hay un hondo sentido,
pero cuando lo quiero explicar
me faltan las palabras."

Tao Yuanming

Los poetas son zen por naturaleza, y la poesía es también por su naturaleza muy difícil de traducir. La cuarta línea es la más importante y en efecto, la traducción literal (心远地自偏; *Xīn yuǎn dì zì piān*) es "corazón distante" aunque no hace explícita la soledad. El caracter 远 significa "lejos" aunque aquí en el contexto del poema quiere decir "desprendido" o bien "libre de ataduras o de deseos". Sin embargo un significado más extenso de la frase es que "si el corazón es abierto, puede abarcar todas las cosas sin moverse", o sea que es parecido a la frase que dice que "el sabio puede conocer el mundo sin salir de su casa". Tao Yuanming renunció a la vida de oficial de la corte para retirarse a su granja.

Leer a Lao Tse y a Chuangtse da diferentes sensaciones. El Libro del Tao contiene toda la esencia de esta filosofía, pero fue realmente Chuangtse quien lo tomó y lo hizo, con humor y una especie de "sabiduría de viejo que ha visto el mundo", muy accesible.

Intentos por traducir el Tao para Occidente

El principio que todo lo abarca.

> --Feng Youlan.
> *A History of Chinese Philosophy*, vol. 1,(1952).

La realidad última en la que todos los atributos se unen y confunden.

> --Arthur D. Waley.
> *The Way and Its Power* (1958).

El principio eterno y sin cambios que está detrás y dentro del mundo fenomenológico.

> --Clarence B. Day.
> *The Philosophers of China: Classical and Contemporary* (1962).

Aquello que es responsable de la creación y la continua existencia del universo.

> --Lau Din-Cheuk.
> *Lao Tzu/Tao Te Ching* (1963).

Un principio metafísico que determina la naturaleza de las cosas.

> --Donald Munro.
> *The Concept of Man in Early China* (Stanford University Press, 1969).

Una nada orgánica que al mismo tiempo es movimiento y creación pura.

--Ellen Marie Chen.
Philosophy East and West, 23 (1973).

Un principio cosmológico, un origen o piso primordial, que es fuente de todo lo que es.

--Norman J. Girardot.
History of Religions, 16 (1976/77).

La divinidad inmanente en la naturaleza.

--Joseph Needham.
Theology, 81 (1978).

La Realidad sin nombre a la que no se le puede adjetivar de ninguna forma significativa.

--R. N. Ross.
Religious Traditions 2 (1979).

El origen del universo y del orden natural que fluye en él.

--George D. Chryssides.
Religious Studies 19 (1983).

Partamos de que en todas las culturas hay una concepción de Creador, Dios, o *Primum Mobile*. La representación o el entendimiento de esta fuerza como un ser antropomórfico, zoomórfico o una combinación de ambos es común desde los tiempos más antiguos y en Occidente el concepto de un dios personal es con mucho la más común. Más tarde, por ejemplo el Islam entre las grandes corrientes, rechazó la iconoclastia pero siguió atribuyendo características humanas y/o visibles (el Altísimo, el misericordioso).

El concepto de Tao es muy particular y ha evolucionado formalmente por más de dos milenios, con particularidades que lo distinguen de algunas aproximaciones occidentales como la del *Deus otiosus*. Por ello, las definiciones ensayadas por los eruditos que menciono no son ociosas ni banales: se intenta primero que nada dar un marco de referencia para el entendimiento y la discusión.

Lao Tse tuvo una concepción de la fuerza motriz del universo, y la plasmó (tradujo) en palabras. Esas palabras no tienen un marco de referencia claro en Occidente.

Hong Yinming (洪應明) fue un erudito de la Dinastía Ming (1368-1644); en su libro *"Cultivando las Raíces de la Sabiduría"* (菜根谭, cài gēn tán) recoge enseñanzas confucianas, budistas y taoístas y las plasma en elegantes aforismos y poemas cortos. A continuación dos de esos textos:

161.
El seguimiento del camino es algo qua atañe a todos,
pero cada quien es guiado de forma diferente.
El estudio es como la comida y el quehacer ordinario,
para el que hay que estar preparado y alerta.

233.
La gente común
sólo puede entender libros que tengan palabras,
Y sólo pueden tocar laúdes que tengan cuerdas.
Así, usan las formas exteriores
pero no pueden usar las esencias internas.
¿Cómo pueden entonces
penetrar en el significado de cuerdas y libros?

Alguien preguntó a Chuangtse:"¿Dónde está el Tao?"

Chuangtse respondió: "En todas partes"

Entonces otro dijo: "Danos un ejemplo"

A lo que Chuangtse dijo: "El Tao está en una hormiga"

Otro asistente repuso: "¿Cómo puede estar el Tao en algo tan bajo?"

A lo que Chuangtse respondió: "El Tao está en una brizna de hierba".

Otro asistente dijo: "¿Puede estar en algo más bajo?"

A lo que Chuangtse respondió: "El Tao está en un excremento".

Cuando todos guardaban silencio, sin saber que decir, Chuangtse dijo: "Vuestra pregunta no se refiere a la esencia del Tao, para responder a la pregunta de donde está la esencia del Tao no hace falta especificar nada, el Tao está en todas las cosas"

¿Cómo acercarse al Tao?

He visto que mucha gente interesada en estudiar los conceptos del taoísmo comienza con el Tao Te Ching, que desde luego es la base fundacional. Pero no es un libro inmediatamente accesible, y a veces si se le acerca desde una perspectiva occidental-cristiana puede ser desconcertante o chocante en partes.

Pienso que una de las mejores formas de abordar el estudio del Tao es no por medio del maestro, sino del discípulo.

El libro de Chuangtse es una introducción mucho más fácil de asimilar, ya que empieza con relatos mitológicos y alegorías, expone puntos de forma amena y sobre todo porque incluye el humor del taoísta.

Una vez que se asimila este estilo de presentar las cosas, esta sensibilidad a la vez naturista y profundamente humana, es más fácil pasar a las profundidades del "libro de las cinco mil palabras", como se le conoce al libro de Lao Tse.

El pensamiento filosófico taoísta se mezcló con muchas otras cosas a las que les dio su sabor. Con el budismo, dio paso a la creación del Zen (ch'an, en chino) y también es recomendable leer libros de esta escuela, porque su parquedad y sus historias enigmáticas son muy representativas de cómo se "explica lo inexplicable": Los Registros de la Transmisión de la Lámpara (伝光録, *Chuán guāng lù*); La Puerta Sin Puerta (無門関, *Wú mén guān*) ó los Registros del Acantilado Azul (碧巖録, *Bì yán lù*).

Un taoísta conversando

Shi Nai'an (施耐庵, c. 1296-1372, Dinastía Yuan, principios de Ming) es el autor de la novela "A la Orilla del Agua" (水浒传, shui hu zhuan), una de las cuatro grandes obras de la literatura clásica china.

En el prefacio a dicha obra, el maestro Shi habla así del arte de conversar libremente con sus amigos:

Cuando puedo reunir a todos mis amigos en casa, sumamos dieciséis, aunque es raro que podamos estar todos juntos a la vez. Aunque, a menos que haya una tormenta, es aún más raro que ninguno venga.

Cuando vienen, no empezamos a reflexionar y discutir de inmediato. Bebemos algo si se nos antoja, nos detenemos si se nos antoja, porque el placer es la naturalidad de la conversación, y no su estructura ni el vino que la acompañan.

No hablamos de política, ya que la corte está muy lejos, y lo único que alguien como nosotros puede escuchar son rumores; y hablar de rumores en un desperdicio. No hablamos de las faltas de los demás, porque la gente no tiene sino grados de avance, de modo que es un desperdicio criticarles. No decimos cosas para escandalizar, y nadie se escandaliza.

Por otro lado, queremos encontrar la forma en que otras personas puedan entender lo que discutimos, aunque no siempre es posible. Porque estas cosas que discutimos son de las profundidades del corazón, y la mayoría de la gente está siempre muy ocupada para escucharlas.

Criticando a Lao Tse:
palabras, palabras…

Chuangtse

El taoísmo, tipificado en el *Tao Te Ching* de Lao Tse, es la tradición filosófica más antigua de China y ha permeado profundamente su historia y su cultura. Y por supuesto, tiene también una larga e interesante tradición de crítica. Históricamente sus principales diferencias fueron con el confucianismo y el legalismo, que tendían a producir escuelas de pensamiento muy rígidas, en contraste con el misticismo y *laissez-faire* de los taoístas, muchas veces ejemplificado por artistas. Pero de forma más interesante, pensadores y literatos muchas veces pertenecientes a la misma filosofía también estuvieron en desacuerdo en aspectos desde semánticos hasta fundamentales, y tocaron puntos muy relevantes en cuanto a la interpretación de esta forma de ver el mundo. Veré aquí tres de estas objeciones.

Y qué mejor manera de empezar que con Chuangtse, el segundo maestro taoísta más influyente, más dado al humor y el ingenio, que a las frases impenetrables del viejo maestro. Haciendo eco de su observación de "el sueño de la mariposa", en el capítulo 15.6 pregunta con su típica agudeza:

¿Cómo puedo saber que eso a lo que llamo "Cielo" no es de hecho el Hombre?
¿Cómo saber que lo que llamo "el Hombre" no es de hecho el Cielo?

El retruécano es engañosamente sencillo pero se refiere a un punto fundamental en la doctrina, y es el que dice que "el Sabio se comporta como el Cielo y la Tierra", esto es, de la misma forma natural e indiferente. Sin embargo esa manera indiferente de comportarse (不仁, *bùrén*), que también aparece más tarde en el Zen, es objeto de discusiones intensas pues como apuntan algunos, tal indiferencia puede degenerar en la misma frialdad cruel de los legalistas, si no se tiene la misericordia que los confucianos abocan para templarla. De hecho el término 不仁 puede significar tanto *Crueldad* como *Indiferencia*, dependiendo del contexto.

Muchos comentaristas se han preguntado por esa "naturalidad primigenia del bloque de madera sin tallar" ó de "la naturaleza de un niño pequeño, que nada discrimina y nada juzga" para usar imágenes comunes. Y la pregunta es: ¿No es tratar de hacer eso ir en contra de la naturaleza del adulto? ¿No implica esa disciplina para "ser natural" una violencia contra la misma naturaleza que el hombre va desarrollando con el tiempo? ¿No debe detenerse el esfuerzo antes de llegar a esos extremos de las imágenes mencionadas?

La primera pregunta de Chuangtse es precisamente eso: el Sabio quizá llegue a extremos demasiado lejanos al tratar de imitar al Cielo y la Tierra, abandonando parte de su humanidad.

Y la segunda pregunta expresa un consejo: quizá no es necesario querer imitar al Cielo y la Tierra, sino encontrar lo verdaderamente Humano.

El arco perdido

Los Anales de Lu Buwei (吕氏春秋, *Lǚ shì chūnqiū*, 239 a.C.) es una importante obra que compila las posturas filosóficas del periodo de las Cien Escuelas (s. VI-220 a.C.), en el que hubo intensos debates entre las docenas de escuelas de pensamiento. En dicha obra hay una historia que dice así:

Un hombre del Estado de Jing perdió su arco, pero se negó a buscarlo, diciendo: "Un hombre de Jing perdió un arco, otro hombre de Jing lo encontrará. Así que, ¿para qué buscarlo? El arco seguirá con un hombre de Jing".
Confucio oyó esto y dijo: "Sería aún mejor no especificar que el hombre es de Jing".
Lao Tse oyó esto y dijo; "Sería mejor todavía no especificar que es un hombre".

Por supuesto ni Confucio ni Lao Tse dijeron eso, pero la historia se usa para ejemplificar la no-diferenciación entre el Yo y los Otros, entre lo personal y lo universal, entre ganancia y pérdida; y para subrayar el estado de indiferencia mencionado en el post anterior. Pero los poetas, esos locos que tienen una mirada mezcla de misticismo y profundo humanismo, muchas veces han estado en desacuerdo con varias de las afirmaciones clásicas del taoísmo aunque ellos mismos lo practicaran. Sus protestas van tanto en contra de ciertas ideas como de las formas de expresarlas.
Yang Wanli (楊萬里, 1127–1206), uno de los 'Cuatro Maestros de la Poesía' de la Dinastía Song, comentó el pasaje anterior de esta forma:

Ciertamente la visión de Lao Tse es elevada, pero no

es razonable para el ser humano. El arco es un instrumento que es mencionado por su utilidad. Y si no un hombre, ¿quién lo hallará? ¿Quién podrá usarlo?

Y Bai Juyi, (白居易, 772–846), uno de los más grandes poetas de la Dinastía Tang y uno de los más queridos de China, escribió así en un comentario llamado "Leyendo a Lao Tse" (读老子), en referencia a uno de los pasajes más famosos del libro:

"Los que hablan no entienden, los que entienden no hablan."
Estas palabras las aprendí del viejo maestro. Pero si decimos que Lao Tse 'entendía', ¿por qué dictó las cinco mil palabras de su libro?

Escoger o no escoger

Las críticas en cuanto a la forma de expresión del *Tao Te Ching*, como la de Bai Juyi, son mitad en serio y mitad humorísticas, y claramente una filosofía que se vale de la "Unidad de la Dualidad" es a veces paradójica si no se entienden algunas de sus sentencias como una especie de "verdad poética".

Hay otras objeciones más importantes, como la de si es "adecuada para el ser humano" que explica Yang Wanli, o si algunas de sus partes —como la Indiferencia— pueden desembocar en una falta de humanidad. Por ejemplo, en los Registros de la Historia (史記, *Shǐjì*, completado en el 100 a.C.), una obra sin filiación religiosa, se habla del erudito Han Fei (韓非, c. 280–233 a.C.), originador de la escuela Legalista, en estos términos: "su insensibilidad y su crueldad derivaban de haber estudiado el *Tao Te Ching* de Lao Tse". Acusaciones similares se han hecho contra generales, pensadores y rebeldes. Quizá podríamos decir que esto es como tomar a un mal sacerdote como ejemplo de las faltas del cristianismo, pero en este caso la conexión filosófica entre ambas doctrinas es más evidente que en la de una doctrina con un simple mal practicante.

Pero la objeción más importante es la de la coherencia, y va más allá de la coherencia retórica. Un tema importante en el *Tao Te Ching*, como hemos dicho, es la indiferencia, la no-diferenciación y el no juzgar ni discriminar, temas sutiles que son frecuentemente malentendidos, lo que provoca la mayor parte de las críticas justificadas.

Esta indiferencia no es particular del taoísmo, sino del misticismo en general. El budismo mahayana, por ejemplo, sostiene en uno de sus tratados más importantes, el Vimalakirti Sutra, que "todas las distinciones son vacías" y que "los deseos y la ambición parten de distinciones superficiales". Más tarde, cuando taoísmo y budismo dieron origen al Zen, se dijo que "La Vía Perfecta es la ausencia de preferencias, libre de amor y de odio". En palabras occidentales, esto también ha sido expresado muchas veces: el místico alemán Johannes Tauler (s. XIV) habla de la "Gran Indiferencia", y la mística francesa Madame Guyon (1648-1717), una de las principales proponentes del Quietismo, se refiere a este estado como "santa indiferencia".

Pero el problema de la coherencia está inherente en el lenguaje taoísta: el poema 2 del Tao es uno de los más famosos, y dice así:

Cuando todo el mundo reconoce lo bello como bello, esto en sí mismo es fealdad.
Cuando todo el mundo reconoce lo bueno como bueno, esto en sí mismo es malo."

La misma idea es repetida varias veces, como "lo alto y lo bajo" y otras imágenes. La idea es que el hacer distinciones, poco a poco conduce a separaciones más y más pronunciadas, dando origen a la discriminación en todas las cosas, y ultimadamente a las pasiones como la codicia y la ira. Pero como han hecho notar pensadores como Qian Zhongshu (钱锺书, 1910-98), la misma lógica permite esta elaboración:

Cuando todo el mundo reconoce lo malo como malo, esto en sí mismo es bueno."

Aunque siguiendo la esencia del taoísmo, la respuesta en realidad sería:

Cuando todo el mundo reconoce lo malo como malo, esto en sí mismo es malo.

… ya que lo que se trata de evitar son las distinciones en sí mismas. Pero si dejamos estas sutilezas lógicas de lado, hay un problema que permanece: el Tao Te Ching mismo discrimina, y lo hace varias veces en el tema fundamental, que es la actitud ideal ante la vida. Esto es: una actitud se escoge por encima de las otras. El capítulo 20 —entre muchos otros — usa este tipo de imagen :
Todo el mundo es esclarecido, pero yo estoy en tinieblas. Todo el mundo es penetrante, pero yo soy lento y torpe.
En donde obviamente se escoge —o se discrimina—, perfiriendo las Tinieblas al estar Esclarecido, se prefiere una especie de torpeza a ser "penetrante". Estas son obvias contraposiciones, y se está distinguiendo una cosa como superior a la otra. O sea, que hay un punto en el que de hecho SÍ se juzga. En el capítulo 12 se añade que "el Sabio cuida del vientre, y no del ojo. Prefiere lo que está dentro a lo que está afuera." Esto es un problema quizá insoluble, porque lo 'inexpresable' —de lo que el mismo Lao Tse admite estar hablando— de todas formas tiene que ser explicado por medio de nuestro lenguaje limitado, quizá no describiendo exactamente lo que quiere decir, sino apuntando hacia el concepto por medio de contradicciones y absurdos. Como el proverbial dedo que apunta a la Luna, ó como el reflejo de la Luna en el estanque, que no debe confundirse con la Luna misma.

I Ching y Tao: una relación sutil

¿Qué son los Cambios?

El más antiguo de los grandes clásicos chinos, el famoso *I Ching* (易经) ó "Libro de los Cambios", es un texto normalmente asociado con adivinación, pero que es de hecho un compendio profundo de la realidad del mundo y su relación con la realidad humana.

A partir de unos pocos conceptos fundamentales y engañosamente sencillos de Unidad, Dualidad y Cambio constante, el *I Ching* desarrolla una teoría completa para entender la existencia y el rol del hombre —tanto en lo individual como en lo social— dentro de ella.

El *I Ching* y el pensamiento taoísta están íntimamente relacionados, pues el Tao es el principio rector que rige los movimientos y las transformaciones (los "Cambios"). De modo que estaré presentando comentarios de eminentes taoístas de la historia china, que lo analizan desde este punto de vista.

Cheng Yi (程颐, 1033–1107) fue un erudito taoísta de la Dinastía Song, uno de los llamados "Seis Grandes Maestros" del siglo XI, y preceptor del mismo emperador. Participó en la gran reforma confuciana de su época, para actualizar los principios de esta filosofía y tratar de desembarazarlos de las rígidas tradiciones y la letra muerta que arrastraba. Cheng Yi escribió sus propios comentarios al texto del *I Ching*, y en la introducción menciona que

El Libro de los Cambios se refiere específicamente al cambio de acuerdo a los tiempos, siguiendo la naturaleza del Tao… Al seguir los principios y la esencia de la vida, se puede esclarecer lo oscuro si primero se entiende lo evidente; esta es la forma de hacer sabios a los hombres.

En el concepto taoísta, que es más amplio que el confuciano, "principios y esencia" se refiere no sólo a la naturaleza humana y su destino, sino que los fusiona con la mente y la conciencia, el espíritu y la fuerza vital. Él quiere enfatizar el uso del *I Ching* en el desarrollo completo del hombre, que a su juicio es un aspecto que se había perdido y banalizado en su época. Más adelante, Chen Yi continúa:

Los sabios de antaño se preocuparon por quienes vendrían después de ellos, pues sus palabras, aunque muy antiguas, siguen siendo válidas. Pero muchos se dedicaron a memorizar esas palabras olvidándose de la importancia de experimentarlas, y hemos llegado a un punto en el que parece no haber transmisión real de aquellas ideas.

En esos tiempos, el *I Ching* en efecto se usaba no como un texto de conocimiento, sino sobre todo como instrumento de adivinación, siguiendo muchas y muy complicadas reglas numerológicas. El comentario escrito por Cheng Yi ayudó para reavivar el interés en él como texto filosófico e introspectivo.

Cambio sin entendimiento

¿Qué es un oráculo? Es una estrategia y es una trampa.

Sin saber cómo buscar respuestas a sus dudas mediante su propio discernimiento, sin confiar en la fuerza de su propio espíritu, el hombre necesita de ver un signo externo en el que pueda confiar. Así, el oráculo provee un lenguaje que puede ser interpretado, pero que refleja tan sólo una respuesta que ya está presente en el espíritu del hombre. La verdadera función del oráculo consiste en que el hombre aprenda a usarlo, hasta llegar al punto en el que se da cuenta de que la respuesta puede ser encontrada, aún antes de hacer la consulta. Y de esta forma, el oráculo es finalmente dejado a un lado.

Mas ¡cuántos hombres caen en la trampa a mitad del camino y, perdiendo por completo la fe en su propio discernimiento, hacen del oráculo su dios!

La anterior cita se aplica perfectamente al *I Ching*, siendo éste más que otros, un texto frecuentemente asociado a la consulta y la adivinación. Chu Shou, un erudito de fines del siglo XIX, hizo también hincapié en esta constante manía de hacer a un lado el aspecto introspectivo para favorecer la vía más fácil de 'dejarse guiar' sin espíritu crítico:

Si los que estudian tan sólo se conforman con la adivinación, olvidando la reflexión constante sobre los principios que el I Ching encarna, y tan sólo afanándose tras aquello que se supone es 'auspicioso' y alejándose de lo que se supone 'nefasto', ¿cómo podrán progresar interiormente? Al final terminarán sin poseer un claro discernimiento para separar lo honorable de lo vergonzoso,

su conciencia se adormecerá sin poder nunca ejercitarse,
y los 64 signos del I Ching que describen el mundo, no
serán sino letra muerta."

El concepto de Armonía

La palabra Tao —cuyo significado literal es 'Vía'— se ha usado para describir un Arte ó Entendimiento profundo de la naturaleza de alguna actividad, y en lo más general, del universo y de la existencia misma. En el terreno filosófico, por milenios han coexistido las interpretaciones llamadas del Tao de los Sabios (confuciana) y el Tao de los Inmortales (taoísta), en la que la primera hace más énfasis en lo social mientras que la segunda se enfoca más en lo espiritual e individual. El *I Ching*, por supuesto, ha sido interpretado desde ambas perspectivas.

Lü Tung-Pin (呂洞賓, siglo IX-X) fue un eminente erudito confuciano que abrazó el taoísmo y se convirtió en un prominente místico, que más tarde fue canonizado dentro de esta tradición y pasó a formar parte del famoso grupo de los Ocho Inmortales (八仙, ba xian), un grupo de santos taoístas con poderes sobrenaturales, muy apreciados en el folclor chino. Como otros de los sabios que he citado, Lü también escribió su propio comentario acerca del *I Ching*.

En la introducción de dicho comentario, empieza diciendo que "las palabras del *I Ching* son al mismo tiempo claras y vagas. Quienes lo entienden poco lo asocian con adivinación, pero quienes lo estudian con detenimiento ven la forma en que operan los mecanismos del Cielo."

Estos mecanismos o "Voluntad del Cielo", son ese Tao —la estructura ó base que no puede ser adecuadamente nombrada— que está detrás de todas las manifestaciones, ciclos y formas de ser de las cosas, desde las estrellas hasta el comportamiento humano.

Lü habla del Tiempo, obviamente relacionado con el concepto de Cambio, pero no de una forma lineal ni evolutiva, sino de la forma taoísta: esto es, los Tiempos son conjuntos de circunstancias que incluyen tanto lo que está pasando en el exterior del hombre y lo que pasa en su interior. Estos conjuntos de circunstancias pueden ser armonizados si se entiende la 'forma de ser' de la existencia, y es entonces que el hombre, con este entendimiento, se hace un "Hombre del Tao".

Continuando con los comentarios de Lü Tung-Pin acerca de la definición de armonía sicológica y trascendente, vemos cómo sigue enfatizando su concepto de Tiempo:

¿Hay algo en la ciencia de los sabios que sea tan alto y remoto que se vuelva incomprensible? Seguramente no: lo esencial para armonizar con el Tao del Cielo es vivir en concordancia con el Tiempo.

Frecuentemente, en el Taoísmo y en general en la cultura china, se ha usado la imagen de las cuatro estaciones para representar la importancia de la concordancia de Tiempo y Acción: Primavera-Verano-Otoño-Invierno como imágenes de Siembra-Cultivo-Cosecha-Descanso. La famosa frase "Come cuando tengas hambre, duerme cuando tengas sueño" es otro ejemplo. Sin embargo el tiempo en el concepto del I Ching va más allá de esa sencillez lineal: las cosas no son siempre secuenciales, y la acción (interna o externa) debe realizarse en respuesta natural a la circunstancia. Lü continúa diciendo:

Observando cómo las cosas se llenan y se vacían, se

puede discernir lo que está detrás de todas las situaciones; así los sabios aparecían o desaparecían dependiendo de si el tiempo les era o no propicio. Entendiendo así las cosas, se podían mover con libertad, avanzando o retrocediendo según fuese apropiado.

Así, avanzar o retroceder no son cosas deseables ni odiosas en sí mismas, sino resultados naturales de proceder en armonía con las cosas. Lü resume así sus opiniones:

Alguien que estudia las cosas con superficialidad no sabe cómo entender los patrones del Cielo: avanza y retrocede sin ton ni son, algunas veces fallando por ser demasiado impetuoso, otras por ser tímido. De esta manera no puede sino ir rumbo a la desgracia. Por esto, los sabios escribieron el *I Ching*: para explicar con signos sencillos los movimientos del Cielo y para que su misterio fuera comprendido."

Entendimiento y Acción

El Libro del Balance y la Armonía (中和集, *zhōng hé jí*) es un importante compendio de temas taoístas, escrito por Li Daochun (李道纯, 1127-1279) durante la Dinastía Yuan. Li era un adepto de la Escuela Quanzhen (全真), ó de Realidad Completa, una escuela pacifista que sostenía que budismo, confucianismo y taoísmo son ramas de una misma verdad, y que desarrolló importantes prácticas de Alquimia Interna ó perfeccionamiento contemplativo (內丹, *nèidān*).

Para elucidar los diferentes niveles de entendimiento del *I Ching* y cómo éste puede ser usado, Li Daochun explica tres aspectos en el libro mencionado:

Existen los Cambios del Cielo, los Cambios de los Sabios y los Cambios de la Mente.

Los Cambios del Cielo son principios eternos. Los Cambios de los Sabios son representaciones de esos principios. Los Cambios de la Mente son la vía en la que el hombre puede armonizar con el mundo.

Si se entienden las representaciones, se alcanza la claridad. Si se comprenden los principios, se contempla el funcionamiento del Cielo. Al ocuparse de la mente, lo crucial es poner en práctica la vía: reflejando en ella los principios, para que llegue a la unidad de comprensión. Así el *I Ching* es una ayuda para completar la mente a través del conocimiento de los perpetuos cambios.

Lo que Li menciona como 'vía' (Tao) en el segundo párrafo es la práctica por medio del cual la mente puede convertirse en un reflejo de la naturaleza del Cielo, y adaptarse a los Cambios de forma espontánea y natural. Más adelante, abunda sobre la relación entre lo eterno y lo temporal, y el rol de la mente en medio de ambos:

Las Transformaciones tienen a lo Eterno como su esencia, y al Cambio como su función. Dentro de esta realidad de Transformaciones, la esencia de la mente es libertad y espontaneidad; su función es la percepción y la acción. Al reconocer la acción, entiendes la esencia; al comprender la esencia, se perfecciona la acción."

Así, Li Diaochun hace énfasis en un tema principal del Tao y del Zen: la mente como naturaleza libre que sólo es obstruida por el deseo, el egoísmo y la confusión.

El *I Ching* es entonces una guía para comprender cómo la mente —igual que el mundo— se va transformando de acuerdo a la Ley del Cielo, y para hacerla un reflejo natural de tales transformaciones, lo que confiere una completa libertad de acción y de reacción.

La Serenidad como Fundamento

Continuando con los dichos del *Libro del Balance y la Armonía*, vemos la frase:

Observando cómo las cosas se llenan y se vacían, entendemos el movimiento y la acción… entendiendo los patrones de acción y de descanso, puedes ver los cambios y las condiciones de las diez mil cosas… Si eres estable en el reposo, serás decisivo en la acción. El reposo es la base del movimiento y el movimiento es el potencial que existe en el reposo.

La última oración es un tema clásico del Taoísmo y el Zen: reposo y acción como cosas interdependientes e inseparables, ambas esenciales para completar al ser humano en su sicología y en su interacción con la sociedad y el mundo. Esta unidad y seguimiento del latir del mundo se logra a través de la Serenidad, que es un estado mental de desapego de los deseos, y que frecuentemente es llamado 'vacío de pensamiento', aunque este tipo de términos no es fácil de traducir a nuestros idiomas occidentales, en donde puede sonar como vacuidad sin sentido, cuando en realidad es un claro entendimiento de la naturaleza que lleva a la espontaneidad y la libertad de acción. El mismo libro sigue diciendo, para ejemplificar que no habla de ideas abstractas sino de acciones concretas:

Para comprender y lidiar con los Cambios, es esencial saber lo que son los Tiempos; para saber lo que son los tiempos es importante comprender los principios. Los principios no se pueden entender si no hay Serenidad en el espíritu, que confiere claridad para ver lo evidente de los principios. Con esta claridad, los tiempos del mundo se pueden discernir observando las formas; y los tiempos de los hombres se pueden discernir observando las actitudes.

La serenidad de la que habla el autor se parece a la claridad de un espejo que ha sido pulido y que no tiene puntos nebulosos en su superficie, de modo que puede reflejar las cosas tal y como las recibe. El mismo texto se enfoca así en el *I Ching*:

Los sabios fueron sabios porque aplicaron los principios que son hechos evidentes en el I Ching. Con la mente abierta y serena, todo se puede ver y todo se puede abarcar. Así, todo se puede aceptar y a todo se puede responder apropiadamente... El Cielo es abierto y la Tierra es serena. Cuando la mente tiene estas cualidades, es que el Cielo y la Tierra están dentro de uno mismo.

Entonces, estudiar los principios y las transformaciones que el *I Ching* explica, no es sino pulir la mente para que sea un reflejo de esos principios, y pueda cambiar y adaptarse de la misma forma natural y espontánea.

Unidad y Manifestaciones: dos estudios

Las complejas combinaciones del *I Ching* no son sino manifestaciones de los dos principios básicos —Yin y Yang— combinándose y recombinándose, y moviéndose en la forma en que se mueven las 'diez mil cosas' del mundo, pero aplicadas también a la sicología humana como individuo y como sociedad.

El Tai Chi es una técnica física desarrollada para armonizar en el cuerpo la fluidez de esos dos principios básicos, en base a ejercicios que abarcan meditación, respiración y simbolismo. Su mítico creador, el monje taoísta Zhang Sanfeng, (张三丰) es una de las figuras más populares en la tradición marcial china.

Las leyendas no se ponen bien de acuerdo sobre la época en la que vivió, pero la versión generalmente aceptada es que vivió durante la Dinastía Song del Sur (1127-1279), y que se retiró a las Montañas de Wudang (武当山) en la provincia de Hubei, donde aún se encuentra el templo taoísta del mismo nombre, único que rivaliza con Shaolin (que es budista) en la tradición marcial. Ambas tradiciones son consideradas que en lo general representan las artes internas (Wudang) y las artes externas (Shaolin).

El simbolismo usado en los textos y en la práctica del Tai Chi y en la 'alquimia interna' son consistentes con los principios del *I Ching*, aunque los primeros normalmente usan una variedad de imágenes para referirse a las omnipresentes fuerzas de Yin-Yang, y las extrapolan para referirse además a lo consciente y lo inconsciente.

Zhang Sanfeng piensa que la relación entre ambas no es una de dualidad irredimible, y que armonizándolas se puede llegar a la 'mente pura'. Así dice en uno de sus textos:

La mente tiene dos manifestaciones, y para encontrar la pureza, se debe evitar dar pie a que la arbitrariedad anide en ella. Al hallar la pureza de la mente, todo se integra y se ve con claridad la raíz única de las Diez Mil Cosas.

Para poder usarla, se le debe nutrir para que sea fuerte al mismo tiempo que permanece en calma. Así, es decisiva aún al estar en completa serenidad. Las enseñanzas de la alquimia espiritual muestran que si la mente corre, hay que capturarla; una vez capturada hay que dejarla libre de nuevo. Tras la acción se busca el reposo. En el reposo, se halla Entendimiento. ¿Quién dice que no se puede tener serenidad en mitad del clamor?

Aquí Zhang Sanfeng habla al mismo tiempo de la práctica sicológica y de cómo es encarnada en los ejercicios físicos del Tai Chi. Los autores discutidos con anterioridad hablan del estudio (intelectual) del *I Ching* y de las transformaciones que éste indica, para que con el entendimiento adquirido se pueda hacer de la propia mente un reflejo natural del Universo.

Zhang Sanfeng lleva el concepto de las transformaciones al plano de lo físico y del movimiento del cuerpo, la realidad más sólida e inmediata que tenemos. Los movimientos que crea encarnan entonces los principios de actividad y reposo, de avance y retroceso, de adaptación y fluidez, y usa dichos movimientos como un estudio mitad consciente y mitad inconsciente, que va acumulando poco a poco la comprensión y la claridad que son la base de la 'mente pura'.

La Alquimia de la Mente

El *I Ching* fue adoptado desde temprano en la historia del Taoísmo, y comentado como un texto fundamental para la comprensión del mundo y del hombre. La Escuela Quanzhen, una de las más antiguas, siempre ha hecho énfasis en las prácticas ascéticas y meditativas, que con el tiempo llegaron a conocerse como Alquimia Interna: esto es, una serie de transformaciones de la actitud que llevan al Entendimiento.

Wang Chongyang (王重陽, 1113-1170), taoísta y maestro de artes marciales, uno de los llamados Cinco Patriarcas del Norte, fue uno de los fundadores de esta escuela de pensamiento. Su discípulo, el santo taoísta Qiu Chuji (丘处机, s. XIII) la formalizó, y después de muchas peripecias fue reformada en 1656 por Wang Kunyang (王昆阳). Este linaje taoísta se conoce como *Longmen* (龙门, Puerta del Dragón).

Liu Yiming (劉一明, 1734–1821), que luego adoptó el apodo de El Vagabundo Sin Adornos (素朴散人, *Sùpǔ sànrén*), es el onceavo patriarca de esta escuela y uno de los principales intelectuales taoístas de la Dinastía Qing.

En su biografía dice que a los 17 años comenzó su estudio del Tao en las montañas y los templos del norte, donde conoció a un misterioso maestro, 'El Que Descansa en la Inmortalidad' (仙留丈人, *Xian liú zhàngrén*), quien lo inició en el estudio del *I Ching*.

Liu escribió una gran cantidad de textos, incluyendo un *I Ching* comentado desde el punto de vista taoísta. Uno de sus libros más celebrados, *Dis-*

cusiones acerca del Cultivo de la Perfección (修真辨难, *Xiū zhēn biàn nán*), habla del proceso de la alquimia de la mente, un tema recurrente en sus obras, pero clarifica que aunque hay muchos simbolismos y expresiones crípticas en la enseñanza, la esencia no es compleja:

Si la mente no sigue lo natural, entonces abusa de la conciencia y crea ilusiones. Si sigue lo natural, se dice que sigue el Tao, y entonces hay claridad. Hay que nutrir la mente del Tao, pero esto no significa aniquilar la mente humana: tan sólo evitar que abuse de las funciones de la conciencia. Cuando los antiguos maestros escribieron que hay que 'eliminar la mente' se referían a esto: evitar la falsa conciencia y nutrir la esencia natural de la mente…

La Alquimia de la Mente trata de dos cosas: vaciar la mente y llenar el vientre. Al vaciar los deseos y las ilusiones de la mente humana, se 'vacía la mente'. Al cultivar la esencia natural de la vida, 'llena el vientre'. Esto es el significado de seguir el Tao.

La famosa expresión "vaciar la mente y llenar el vientre" proviene del Libro del Tao (verso 3). Ha sido usada en el contexto de ciencia política, pero aquí se usa en el sentido de transformación de las propias actitudes.

La Firmeza y la Flexibilidad

Veamos ahora dentro del *I Ching* los conceptos —por supuesto duales y complementarios— de Firmeza y Flexibilidad. Como las otras polaridades expresadas en el Tao y el *I Ching*, estas —como actitudes constituyentes del carácter del hombre— tampoco son excluyentes, sino ingredientes que forman un todo más complejo que la suma de las partes. Así como hidrógeno y oxígeno —dos gases— se unen para formar algo completamente nuevo en una molécula de agua, así son las diferentes actitudes que conforman la realidad total de la sicología humana.

Liu Yiming, el eminente comentador del *I Ching* referido anteriormente, habla así de estas dos cualidades, a las que considera como fundamento de la práctica del Tao, y encarnación principal (o 'piedra de toque') de los Cambios:

¿Qué es Firmeza? Ir más allá de las emociones y ver las cosas con claridad; poner el espíritu en orden, enfocado y con constancia de acción… Armonía sin preferencias ni sesgos, y estar unificado en lo interno y lo externo: esto se llama Firmeza.

¿Qué es Flexibilidad? Simplicidad y ausencia de artificio. Aquellos que son flexibles parecen no tener aquello que les sobra; aparecen vacíos cuando en realidad están llenos... Avanzan pero no luchan, y buscan verdades en vez de riquezas… Reconocer que las cosas y el mismo cuerpo son temporales y evanescentes. Hacer las cosas de acuerdo al tiempo y a los patrones de la realidad, esto es Flexibilidad.

Los Tiempos, la Eternidad y el Abismo

Concluyo este breve ciclo de estudio del *I Ching* con un aspecto fundamental de su simbolismo: en las interpretaciones clásicas, dentro de las 64 combinaciones de elementos ('hexagramas'), existen cuatro que son llamadas 'eternas', mientras que las otras 60 son 'temporales'.

Esto es: los 60 Hexagramas Temporales son manifestaciones específicas de ciertas experiencias, que van cambiando con el tiempo y transformándose en otras experiencias: son la explicación y la encarnación misma de la Adaptación ante los cambios. Pero los Hexagramas Eternos son fundamentos que deben estar presentes en todo momento, en todo tiempo y en toda experiencia.

De hecho, las 360 líneas de los Temporales son una representación simbólica de los días contenidos en un año lunar: un ciclo completo de evolución.

Los Cuatro Hexagramas Eternos están hechos de combinaciones dobles de los símbolos (trigramas) de Cielo, Tierra, Agua y Fuego.

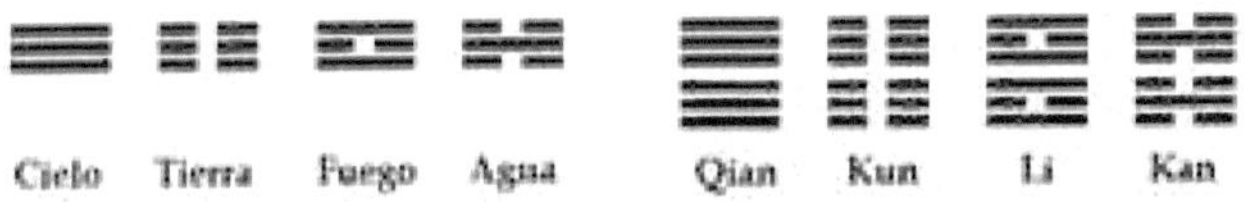

El Cielo (乾, *Qián*) y la Tierra (坤, *Kūn*) representan la Firmeza y la Flexibilidad, dos conceptos ya mencionados en la práctica taoísta. Juntos (*Qiánkūn*) representan el universo, y en la interpretación clásica son lo Creativo y lo Receptivo.

El Fuego (離, *Lí*) representa el Entendimiento. Como hemos visto antes, estas tres ideas son esenciales y siempre presentes en el estudio y la práctica, con los dos primeros como condiciones o herramientas, y el tercero como un objetivo no final, sino constante: escalones ascendentes de claridad.

Ahora bien, el cuarto hexagrama eterno, formado por dos símbolos de Agua, es llamado *Kǎn* (坎) que significa literalmente Abismo, pero cuya imagen de hecho es 'Conquistar el Abismo'. Esta constante conquista de los obstáculos que se oponen al avance del cuerpo y de la mente, es la imagen del desarrollo espiritual del hombre, e implica un constante Peligro: otro de los símbolos asociados con el Agua.

En la traducción clásica del *I Ching* de Richard Wilhelm (1924), este es el texto que encontramos en el hexagrama del Abismo:

El agua fluye sin interrupción y llega a su destino, esta es la imagen del Abismo. El hombre superior camina en la virtud y continúa enseñando. Con sinceridad en el corazón, el Abismo es cruzado.

Podemos compararlo con la versión taoísta del Abismo de Liu Yiming, traducida por Thomas Cleary (1986):

La Verdad se manifiesta al conquistar el Abismo; así se desarrolla la mente. La excelencia nace de la práctica constante… Conquistar el Abismo significa conquistar los peligros y avanzar a pesar de las dificultades.

La esencia es clara; las manifestaciones, variadas y sutiles. Como en todas las cosas del mundo.

Confucianismo y Tao: una relación humana

Tres sabios probando vinagre

Taoísmo, Confucianismo y Budismo (en ese orden cronológico) son las tres corrientes de pensamiento que informan la filosofía china. Son tres formas particulares de ver el mundo pero no son excluyentes, sino que a lo largo del tiempo se han ido compenetrando entre sí para crear la filosofía china y a muy grandes rasgos, lo que las diferencia es el énfasis que ponen en el mundo a su alrededor.

El Taoísmo es filosófico, aunque luego derivó en práctica religiosa, fusionándose con muchos aspectos del folclor tradicional chino. Es una forma de entender el mundo como ciclos y fuerzas en constante flujo, y de este entendimiento y de ponerse en armonía con dicho flujo es de donde nace la sabiduría.

El Confucianismo es estrictamente una ética social, aunque se combinó también con las prácticas antiguas de culto a los ancestros. Ve el mundo primordialmente humano, y ve en la armonía social el bien más alto. La sabiduría nace de la aplicación óptima de la educación, los valores y la etiqueta para mantener esa armonía humana.

El Budismo se originó en la India pero fue en China donde realmente tomó fuerza y se dispersó a Asia. Ve el mundo como impermanencia, y al apego a las cosas como ilusión que por definición causa sufrimiento. La sabiduría nace de darse cuenta de esas ilusiones y despegarse de ellas.

De modo que entre estas tres corrientes vemos el entendimiento del universo, del hombre en su sociedad, y de su liberación espiritual. Desde luego que a lo largo de la historia ha habido muchas discusiones álgidas entre ellas, particularmente entre taoísmo y confucianismo, que abocan diferentes maneras de conducta social y de gobierno (son 'liberales' contra 'conservadores', más o menos). Pero sus filosofías esenciales en efecto se han hecho una sola cosa, y también a lo largo de la historia se ha representado este tema en la literatura y en el arte. Aquí dos ejemplos.

En *Cultivando las Raíces de la Sabiduría*, el autor de la Dinastía Ming, Hong Yinming, toma preceptos de las tres corrientes y sutilmente los presenta de forma que se interpenetran unos con otros, aunque conservando las características de cada uno:

El escuchar con frecuencia palabras que no deseamos escuchar, y el provocar a la mente con frecuencia con cosas que la molestan, acercan nuestra conducta a la virtud, así como una piedra afila un cuchillo.

*

El hombre virtuoso considera la simplicidad mejor que la astucia, y ve que el deshacerse de sus ligaduras es mejor que volverse hábil atando nudos.

*

Si puedes comprender la esencia que hay en las cosas, es como si entrases en la contemplación eterna de los Cinco Lagos y de la Luna Envuelta en Bruma.

Si puedes desvelar aquello que mueve las cosas frente a tus ojos, es como si te unieras y compartieras la virtud de los héroes de mil años en el pasado.

Esos tres pasajes son respectivamente Confucianismo, Taoísmo y Budismo. En el primero, podemos ver el tema clásico del confucianismo: el cultivo del carácter. En el segundo está expresada la simplicidad que aboca el taoísmo, y el contraste que hace entre ella y los enredos en los que se mete la mente en la sociedad. Finalmente, el tercer consejo muestra un par de imágenes paradisiacas y de "quitar el velo de los ojos", una actitud típicamente budista.

También por las épocas de la Dinastía Ming (s. XVI-XVII) se hizo famoso el tipo de pintura llamada "Tres Sabios Probando el Vinagre", que muestran a los tres fundadores de estas corrientes, tomando un sorbo de un tonel de vinagre.

Hay dos interpretaciones de esta alegoría:

En la interpretación "inclusiva", que es más común en Japón, la imagen quiere decir que las tres filosofías son una, y que todas abrevan de una misma fuente de Verdad, aunque interpretada de formas diferentes según el énfasis en lo natural, lo social o lo espiritual.

En la interpretación Taoísta, que es la más conocida, cada maestro toma el sorbo de vinagre y se pronuncia sobre él:

-Confucio dice "es agrio", mostrando su practicidad pero también haciendo una alusión sutil a la necesidad (o el potencial) de la mejora, a través de algún proceso.

-Buda dice "es amargo", indicando la visión budista del mundo como un lugar de desventura causado por las ilusiones del hombre.

-Lao Tse dice "¡buen vinagre!", indicando su convicción de que cada cosa debe verse en su contexto y sin tratar de forzar opiniones que son proyecciones arbitrarias. En algunas versiones modernas de esta historia hacen decir a Lao Tse "es dulce", para tratar de indicar la visión de que todo está en su lugar y 'es dulce' o 'adecuado' el entenderlo; pero sin embargo esta respuesta no va con el espíritu del original y tiende a malentenderse como un optimismo mal enfocado.

De modo que ahí tenemos a los tres maestros sabios. ¿Bebemos con ellos?

Zhou Zhu y las tres cosas terribles

Las personas cuando nacen,
son todas buenas.
Todas tienen la misma naturaleza,
pero sus hábitos las van haciendo diferentes.

Esas dos sentencias son la forma en que comienza el *Libro de los Tres Caracteres* (三字经 , *sān zì jīng*), un libro clásico de educación elemental, que está compuesto en su totalidad —como su nombre lo indica— en frases rimadas de. tres caracteres cada una. El libro fue escrito en la Dinastía Song (s. XIII) y hasta fines del s. XIX se siguió usando como texto de educación básica. Fue abandonado durante la época de modernización educativa de principios del s. XX y durante todo el periodo de comunismo 'duro' desde los 50s hasta fines de los 70s, pero en la actualidad se ha retomado junto con otros clásicos de ética básica, y se enseña en las escuelas de verano.

El libro en general es un resumen de la educación confuciana, que hace énfasis en el cultivo constante de las virtudes éticas, los valores familiares y el respeto a las jerarquías y a la sociedad. Sin embargo esta apertura subraya el concepto taoísta del estado puro del espíritu que se va contaminando y opacando por muchas de las cosas con las que entra en contacto, y cuyo estado natural debe ser recuperado. Aquí hay un cuento tradicional que ejemplifica esta idea:

En tiempos antiguos, había un joven llamado Zhou Chu. Era de por sí muy fuerte y recio, y gustaba de hacer gala de su fuerza, causando alborotos y buscando peleas todo el tiempo, por lo que toda la gente le tenía miedo. Con el tiempo, los aldeanos empezaron a decir que el feroz tigre de la montaña Nanshan, el dragón del mar Beihai, y Zhou Chu, eran 'las tres cosas terribles', pero que la peor de ellas era Zhou Chu.

Un día Zhou Chu oyó sin querer a la gente hablando de esta forma, y se sintió sorprendido y apenado de ser tenido en tan mala estima. No queriendo ser recordado como alguien a quien todo mundo odiara, decidió cambiar su vida y convertirse en una nueva persona.

Al día siguiente, tomó su arco y su flecha y se adentró en la montaña Nanshan, en busca del tigre feroz. Al poco tiempo de estar caminando por la montaña, salió a su paso un enorme tigre con la frente blanca, que se abalanzó para atacarlo. Zhou Chu rápidamente tomó resguardo tras un árbol, puso una flecha en su arco y disparó. La flecha voló y dio en mitad de la frente del tigre, que murió en el acto.

Después de descansar un día, Zhou Chu tomó su espada y se dirigió al mar de Beihai en busca del dragón, del que se decía que vivía en lo profundo de las aguas, pero cuando sentía a gente acercarse a la orilla, salía de inmediato para atacarlos y devorarlos. Sabiendo esto, Zhou Chu se preparó con su espada y se acercó despacio a la orilla del agua. Cuando el dragón salió como lo esperaba, Zhou Chu estaba listo y de inmediato lo hirió con su espada. El dragón, mal herido, se vio forzado a huir, pero Zhou Chu lo persiguió por varios kilómetros, siempre golpeándolo con su espada, hasta que finalmente le dio muerte.

A partir de este día Zhou Chu no volvió a ser un

buscapleitos ni a causar problemas, y con el tiempo
hizo tantas cosas buenas que fue elegido oficial en-
cargado de administrar los asuntos del pueblo.

La moderación en los ritos

Una crítica frecuente al confucianismo es su rigidez de doctrina y su dependencia en las formas (ritos), que lo hace poco flexible y cada vez más rarificado. Sin embargo esta crítica, aunque válida, no va contra los principios sino contra la institucionalización y anquilosamiento de esta corriente filosófica.

El Libro de los Ritos (禮記, Lǐ jì), es uno de los más importantes de esta doctrina, donde se explica la forma y la significación ceremonial de los rituales en todos los aspectos de la vida cotidiana.

En el capítulo llamado "Los reyes antiguos dispusieron los ritos y la música" leemos esta admonición:

Para el gran sacrificio a los ancestros, se dá más importancia a la frescura del agua, al pescado crudo y al caldo sin sal, para indicar que no es una fiesta suntuosa. Esto dice que los reyes antiguos dispusieron los ritos y la música, no para satisfacer los deseos sensuales de la gente, sino para orientarlos y llamarlos a la recta manera de comportamiento.

Y en otra parte del mismo libro, en el capítulo "La verdadera función de los ritos y la música", se abunda en el tema de esta forma:

La música viene del interior, los ritos vienen del exterior.

La música del interior es tranquila, los ritos externos son ordenados.

Una música excelsa es sencilla y un rito excelso es simple.

La música induce a dejar el enojo, los ritos inducen a dejar los afanes.

Las tres estaciones del año

Un día llegó un hombre a la residencia de Confucio y encontró a uno de sus alumnos barriendo el jardín. El hombre dijo, "Quiero hacerte una pregunta, si me la contestas te haré una reverencia, pero si te equivocas, tú me harás la reverencia a mí".

El alumno de Confucio aceptó y el hombre dijo, "¿Cuántas estaciones tiene el año?"

El alumno, satisfecho, dijo, "Cuatro por supuesto".

El extraño exclamó, "¡Ah, te has equivocado! ¡El año tiene sólo tres estaciones!"

Ambos se enfrascaron en una discusión acalorada y finalmente el hombre que defendía las tres estaciones dijo, "Preguntemos a tu maestro", a lo que el alumno accedió de inmediato.

Cuando llegaron ante Confucio, éste les escuchó con atención y al final dijo, "El año tiene tres estaciones".

Su alumno, confundido, no tuvo más que aceptar la respuesta e hizo una reverencia al extraño que, muy contento, por fin se retiró.

Tras perderlo de vista, el alumno se volvió a Confucio y preguntó, "Maestro, ¿cómo es que dices que hay tres estaciones en el año en lugar de cuatro?"

Confucio dijo, "¿Cómo es que te enfrascas en una discusión inútil como esa?"

Las percepciones y las actitudes

El *Huainan Zi* (淮南子) es uno de los libros más importantes del taoísmo aplicado, aunque es virtualmente desconocido en Occidente. Fue presentado al trono en 139 a.C., a principios de la Dinastía Han, y debe su nombre a Liu An, nieto del primer emperador Han y regidor de la región de Hainan (modernas provincias de Anhui y Jiangxi), que fue quien auspició su creación. Liu An, protector de las artes y la filosofía, pidió a los muchos eruditos que vivían bajo su mecenazgo que compilaran un libro que "englobara todo el conocimiento del hombre y del mundo, y que sirviera para llevar a cabo la correcta administración de un reino". Los 21 capítulos del *Huainan Zi* son el resultado de esta ambiciosa empresa.

Este texto es diferente de otros textos canónicos como el *Tao Te Ching* ó el *Chuangtse*, en que es un tratado no sólo de lo abstracto y lo filosófico, sino un manual de las aplicaciones reales en el mundo de los principios taoístas y de muchas de las ideas de las llamadas "100 Escuelas de Pensamiento" (诸子百家, *zhūzǐbǎijiā*) que florecieron en el periodo inmediatamente anterior a su escritura (siglos VI-II a.C.). En sus capítulos da explicaciones de la naturaleza del universo, del rol del hombre en él, y de la estructura ideal de un gobierno basado en el entendimiento de ambos.

Este tratado enciclopédico tuvo su antecesor en los Anales de *Lu Buwei* (吕氏春秋; *Lǚ shì chūnqiū*, 239 a.C.) en su afán de compilar todo el conocimiento existente, y a continuación presentaré extractos relevantes de ambos importantes textos.

Tanto el *Huainanzi* como los *Anales de Lu Buwei*,

en el siglo III a.C. fueron quizá los primeros intentos de crear tratados enciclopédicos, antecediendo por más de un siglo al que se considera más antiguo: la *Naturalis Historiae* de Plinio el Viejo (79 E.C.). Hay diferencias importantes: la primera es que los textos chinos fueron creados por docenas de autores bajo la instrucción de un patrón de las artes, mientras que los trabajos en Occidente —como el de Plinio y más tarde la *Etymologiae* de Isidoro de Sevilla (630)— eran trabajos compilatorios realizados por una sola persona. En este aspecto, la cultura árabe clásica sigue el método chino, por ejemplo con la Enciclopedia de la *Hermandad de la Pureza de Basra* (960) creada por docenas de eruditos y abarcando también todas las ciencias.

Pero la diferencia más importante es que en Occidente el enfoque fue eminentemente en la ciencia natural (geografía, geología, medicina) así como la retórica y la filosofía; mientras que en China, aunque sí había textos especializados en estos temas, el principal interés era la ciencia social, y la forma de exposición era más por medio de analogías que por investigación rigurosa. El típico orden de estos tratados era primeramente, una exposición de hechos generales del mundo, pero seguidos —o mezclados— con el entendimiento taoísta del universo, con los conceptos de resonancia y equivalencia entre el Cielo y la Tierra, y del rol del "hombre sabio" en él. Finalmente, los capítulos posteriores se centraban en la ética y la correcta administración de un reino basado en tales hechos y posturas filosóficas. El interés en la ciencia política siempre fue punto primordial de estos trabajos, y es importante recordar que en su mayoría eran presentados al trono, por el mecenas que los organizaba. Pongo aquí un ejemplo típico de la exposición china, extracto de los Anales de Lu Buwei, en su capítulo "Deshechando los Prejuicios" (Lib. 13, cap. 3.1):

Un hombre perdió su hacha y empezó a sospechar del hijo de su vecino. Así, empezó a notar que el joven caminaba, se expresaba y hablaba como un ladrón de hachas. Cada acción y actitud era sin duda la de alguien que robaba hachas. Más tarde, limpiando una acequia tras su casa, halló ahí el hacha perdida. Al día siguiente, se encontró de nuevo con el hijo de su vecino, pero no pudo notar en él ningún signo que lo traicionara como un ladrón. El joven no había cambiado, pero la actitud del hombre sí.

En el capítulo "Resonar con lo idéntico" (應同; *yīng tong*; Lib. 13, cap. 2.2), los autores de los *Anales de Lu Buwei* hacen una típica relación de mayor a menor, muy común del estilo chino y en particular de las exposiciones taoístas; por ejemplo en el Tao Te Ching en donde se dice que "El Uno engendra el Dos…"; o bien en máximas clásicas del tipo "X es bueno, pero no es tan bueno como Y". El mismo Tao Te Ching tiene el ejemplo clásico, aplicado a las relaciones sociales (poema 18): "Cuando se pierde el Tao, aparecen la benevolencia y la justicia".
En·esta misma vena, hablando de las esencias del universo, en el *Lu Buwei* se ejemplifican las paulatinas jerarquías de lo más o lo menos deseable tanto en el entendimiento como en su aplicación:

Compartir la misma esencia
es mejor que compartir el mismo código de conducta;
compartir el mismo código es mejor que compartir logros;

compartir logros es mejor que compartir circunstancias;

y compartir circunstancias

es mejor que compartir reputación.

Los sabios comparten la esencia del universo. Los mejores líderes comparten códigos de conducta recta, y los protectores de la gente comparten grandes logros. Quienes comparten circunstancias son diligentes pero no generosos; y quienes sólo comparten reputación son hombres vulgares. Esto habla de la conciencia. Entre más tosca sea, menos permite compartir cosas sutiles.

Más adelante, en el capítulo "Escuchar Consejos" (聽言, *tīng yán*; Lib. 13, cap. 4.1) vemos una prefiguración que antecede por varios siglos a la famosa frase occidental "Quien roba una pieza de pan es llamado ladrón, quien roba un reino es llamado conquistador", pero con un poco más de colorida explicación:

Imaginemos que alguien dice, "La familia Tal tiene muchos bienes en su casa; y justo ayer el techo de su bodega cayó, y murió su perro guardián; así que podemos robarlos". La gente seguramente rechazará tal propuesta. Pero si un consejero real dice, "El Reino de Tal está sufriendo hambruna, sus murallas están en mal estado y tienen pocas armas defensivas; sería bueno atacarlos y anexarlos a nuestro reino", la gente no rechazaría tal consejo. Y si no lo hacen, es que no entienden que ambas pertenecen a la misma categoría de acciones.

Los consejos a los oficiales

El *Cai Gen Tan*, como ya hemos visto, es un compendio de sentencias cortas que resumen la ética taoísta, budista y confuciana, y el libro puede leerse como una guía ética en lo general. Sin embargo, Hong Yinming, el autor, era un caballero letrado que conocía íntimamente la alta sociedad y la vida de la corte de su tiempo. Una gran cantidad de los consejos que escribe, si bien son aplicables a toda persona, están pensados específicamente teniendo en mente las faltas en la conducta de los nobles y los altos oficiales. Así pueden leerse muchas de las sentencias —de corte confuciano— que son admoniciones en contra de la avidez por el poder o su cercanía. Por ejemplo, el poema 223 dice así:

El sabio no se aflige en medio de la adversidad, pero en un banquete o un viaje de placer se siente inquieto.
Al encontrarse con ricos y poderosos no se inmuta, pero al ver a los abandonados y los afligidos su corazón se conmueve.

Este primer ejemplo tiene también un toque de budismo, haciendo referencia a la compasión en el corazón del sabio, al desprecio de los placeres y al ideal de permanecer inmutable en la desgracia. Pero este (el poema135) es de corte marcadamente confuciano y es el tipo de consejo admonitorio:

El ser frío y caliente se da mucho más en la gente rica que en la gente pobre.
La envidia y los celos son más fuertes entre familiares que entre extraños.
Al tratar con la gente, si no se mantiene el vientre templado y no se mantiene equilibrado el espíritu,

incluso lo brillante perderá su luminosidad
y se estará constantemente molesto y preocupado.

"Frío y Caliente" en este contexto es una expresión que denota la actitud por la que la gente muestra simpatía y solicitud hacia el poderoso, pero que se muestra indiferente hacia el desvalido. En el cuarto renglón, la referencia al vientre es un indicador de la emoción, pues se supone que anida en esa parte del cuerpo. Tener el "vientre templado" (literalmente "los intestinos templados") significa mantener la ecuanimidad de las emociones.

Finalmente, dos sentencias cortas —los poemas 143 y 247— que son imágenes breves y poderosas, no ajenas a numerosos consejos de la tradición occidental:

Hambrientos, buscamos ayuda de alguien; satisfechos, nos alejamos.
Frente al poderoso, nos apresuramos a acercarnos; frente al pobre, lo abandonamos.
Las relaciones humanas tienen estos defectos dentro de su naturaleza.

El que se apresura a adular al poderoso atrae la desventura:
esta desventura es la más miserable y la más rápida.
El que es indiferente al poder y la fama permanece en la tranquilidad:
esta tranquilidad es la más sutil y las más duradera.

Hong Yinming, como muchos otros pensadores chinos, no apoya la actitud de retirarse de la sociedad y convertirse en un ermitaño para poder lograr la pureza de intenciones. Su propuesta es lograr la serenidad y la ecuanimidad aún viviendo dentro del clamor, la tentación y el griterío. Hay muchas historias en el folclor y la historia china que ejemplifican esta actitud de "tranquilidad en medio de la algarabía", como la historia de Wang Chong, un famoso erudito de la dinastía Han Oriental (25-220) que se pasaba las horas leyendo y estudiando en mitad del ruidoso mercado de Luoyang, la capital del imperio.

*

Las palabras de los otros

Si otros se mofan ó te atacan,
primero examínate a ti mismo.
Si otros te adulan y te lisonjean,
primero rechaza sus palabras.

En *El Libro de las Mil Palabras* (千字文, *Qiān zì wén*) de Zhou Xingsi, erudito del s. VI (Dinastía Liang).

Del espíritu de servicio de un oficial

En los primeros años de la Dinastía Zhou (1029-771 a.C.), hubo un famoso oficial llamado Zhao Gong, que fue parte del grupo de notables que puso fin a la crueldad del último rey de la Dinastía Shang (1600 - 1029 a.C.). Una vez establecida la nueva dinastía, asumió un cargo como regente del Estado de Yan, al noreste del imperio. Cuando el primer rey de Zhou murió, Zhao Gong fue llamado a convertirse en Tutor Imperial para asistir al nuevo y joven rey en los asuntos de la administración del estado. Pero aun ostentando este alto cargo, Zhao Gong, preocupado por el bienestar de la gente común, frecuentemente salía a recorrer las aldeas y ver de primera mano los problemas de los campesinos.

Se dice que al llegar a una aldea iba sin séquito y sin ostentación, y conversaba con la gente para enterarse de su situación. Y para no estorbarles en su vida diaria, iba y se sentaba debajo de un peral, donde oficiaba, recibía peticiones, dictaba sus edictos, hacía sus reportes y descansaba. Al lidiar con los problemas locales, era justo y expedito, y esto le granjeó una admiración universal por parte de la gente.

En una ocasión, ya entrada la tarde, Zhao Gong seguía sentado bajo el peral escribiendo reportes. Un anciano de la aldea que pasaba lo vio, y conmovido le dijo, "¡Ministro, ha trabajado ya mucho por nosotros, y sigue con sus asuntos a esta hora y bajo un peral! Por favor venga a mi casa a descansar." Zhao Gong le dio las gracias de forma efusiva, pero gentilmente se rehusó y siguió trabajando bajo el árbol.

Tras morir, el ministro Zhao fue muy llorado por

el pueblo, y un poeta escribió esta oda en su memoria, que fue recogida e inmortalizada en el Libro de los Poemas:

> Ese peral alto y frondoso,
> ¡que nadie lo corte, que nadie lo corte!
> Pues bajo él se sentó Zhao Gong un día.

Por eso, así dice el proverbio: "Los gansos al pasar dejan tras de sí sus graznidos, los hombres al pasar dejan tras de sí su nombre."

Maestros rurales y fe que mueve montañas

La película china *Country Teachers* (1993) muestra situaciones comunes de la educación rural en China antes de la reforma educativa (1993-2003). Es la historia de una jovencita que es asignada como profesora de una escuela en una paupérrima villa montañosa, y de los retos que tiene que afrontar con sus problemas de adaptación a la vida rural y la responsabilidad enorme de ser la única fuente de educación básica que tendrán sus pupilos.

Es una magnífica película en el estilo naturalista de los mejores directores chinos, que usan a gente común y sin experiencia de actuación para interpretar a la mayoría de los personajes. La exaltación de la educación es un tema clásico en la literatura china, y esta historia ilustra perfectamente todas las imágenes que han sido subrayadas en los relatos de maestros pobres, desde Confucio hasta los "maestros descalzos" de la Revolución Cultural.

Una de las escenas más poderosas, cuando ya la joven maestra ha demostrado su valía a los ojos de los campesinos —y más importante, se ha dado cuenta de su propia importancia— es cuando uno de los hombres de la aldea le dice:

Una buena estufa dura ocho ó diez años, pero su enseñanza durará generaciones… cuando nuestros niños crezcan, lo enseñarán a sus hijos, y así durará para siempre.

Esta es una referencia directa a una historia tradicional, "El Viejo que Movió las Montañas":
Un viejo que vivía en una pobre región monta-

ñosa estaba insatisfecho, pues había dos grandes montañas frente a su hogar que hacían la travesía entre su pueblo y el siguiente muy fatigosa. La gente demoraba mucho tiempo en hacer este viaje, lo cual resultaba en gran cantidad de inconvenientes. Un día, reunió a su familia y les dijo, "Debemos hacer algo acerca de esto. Sería de gran ayuda para todos si pudiéramos quitar esas montañas de ahí". Todos sus hijos se sintieron entusiasmados y le dijeron, "Padre, te ayudaremos. Eso traerá un gran beneficio a las dos aldeas." Su esposa no estaba muy convencida, pues preguntó, "¿Dónde podrían poner esas montañas enormes, si es que intentan quitarlas de ahí?" Los hijos respondieron al unísono, "¡Es fácil, las llevaremos al mar!" Con esto, empezó la tarea.

Día y noche, el viejo y su familia iban a las montañas y llenaban carretas de piedras y tierra, llevándolas lejos. Los habitantes de la aldea, al enterarse de esto, se sintieron tan conmovidos por su voluntad, que se unieron sin vacilar al trabajo. Niños y ancianos, mujeres y hombres, todos ayudaban, sin miedo al cansancio.

Un día apareció caminando un viajero, que llevaba puesto su sombrero de erudito y parecía muy respetable. Viendo a toda la gente trabajar de esa manera, preguntó la razón y al enterarse, se rió y fue con el viejo, diciéndole, "¡Eres un viejo tonto! ¡Tu cuerpo ya está curvado por la vejez, apenas puedes levantar un par de piedras, y piensas que puedes mover esas dos montañas enormes y llevarlas al mar!"

El viejo rió y respondió, "Hasta un niño pequeño es mejor que tú. ¡Mírales trabajar! Aunque yo soy viejo y pronto moriré, tengo hijos que vienen después de mí. Y si ellos mueren, sus hijos vendrán tras ellos. Y así seguirán, y los descendientes de este pueblo jamás se acabarán. Esas dos montañas son grandes, pero no pueden hacerse más grandes. Cada vez que excavamos un poco, significa que se hacen un poco más pequeñas. Y de esta forma, ¿quién nos impedirá lograr nuestro objetivo un día?"

El Emperador del Cielo, viendo la fe de este hombre, se apiadó de él y envió a dos espíritus a mover las montañas y dejarlas en otro lugar.

Confucio contra Lao Tse

Frecuentemente se evalúan Confucianismo y Taoísmo como ideologías en contradicción, o por lo menos en cierto nivel de disputa en su forma de ver la vida: la primera como una rígida ética social y reglamentaria del comportamiento, y la segunda como una filosofía más libre, propia de artistas vagabundos y gente excéntrica que no se conforma con las reglas sociales establecidas. Y si bien hay parte de verdad en esa apreciación superficial, esto se debe a que —como pasa seguido con cualquier tipo de ideología— ambas fueron codificadas e institucionalizadas mucho tiempo después de ser propuestas y ambas llegaron al punto de rigidez de "seguir la letra y no el espíritu" que generalmente se apodera de las filosofías.

Como apunté en el capítulo de los Tres Sabios Probando el Vinagre, la confusión es superficial, y ambas —así como el budismo— están de acuerdo en mucho más de lo que divergen, y es mejor verlas como puntos de vista que se complementan para llegar a un humanismo trascendente y que si no las engloba, sí acepta partes de las tres.

Ya lo dijo el pensador Lin Yutang cuando intenta describir la actitud religioso-filosófica china a grandes rasgos: "Cuando voy al templo soy budista, al desenvolverme en la sociedad soy confuciano, y en mi corazón soy un taoísta alegre. No veo contradicción en tal forma de definirme."

Realmente, existe un punto de vista humanista —quizá no explícitamente estructurado pero sí entendido de forma implícita— que entiende y trasciende los extremos, una filosofía que comprende los ideales pero que, como un anciano sabio, ha visto la vida, ha visto al hombre y su naturaleza íntima, y ha llegado a la conclusión de que no es necesario alejarse, no es necesario ser un ermitaño en lo alto de las prístinas montañas y escapar de lo humano para mantener su felicidad y su pureza. Quien hace eso no es realmente puro, sino que sigue siendo esclavo de las cosas que le rodean para poder despejarse.

Así que confucianismo y taoísmo marcan dos pautas, pero no absolutas y excluyentes; pueden ser mezcladas y fundidas en el entendimiento verdadero. No racionalismo absoluto ni idealismo extremo, sino ese dulce "justo medio" que sólo puede ser logrado cuando un hombre es Razonable.

Zen: dedos que apuntan a la luna

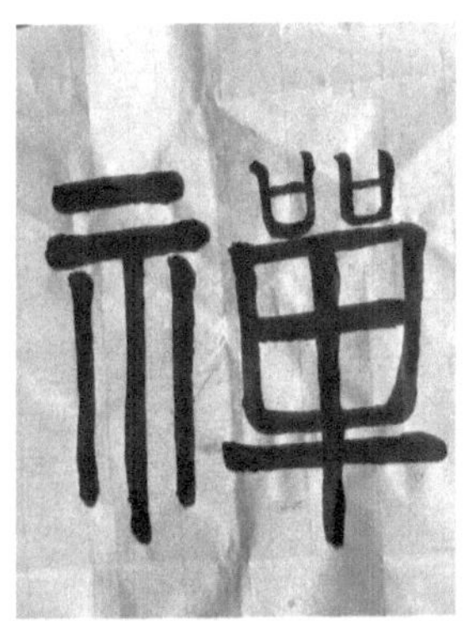

Si tienes un bastón

El Wu Men Kuan (無門關, literalmente "Puerta Sin Puerta"), quizá más conocido en Occidente por su nombre japonés Mumonkan, es una colección del siglo XIII con 48 *koanes* Zen, atribuida al maestro Wu Men Huikai (無門慧, 1183-1260).

Los *koanes* son sentencias, preguntas o situaciones descritas brevemente, que aparecen como acertijos o paradojas y sobre los cuales se debe meditar para llegar a un entendimiento súbito de las realidades que trascienden tanto los conceptos duales, la estrechez de las palabras que usamos para expresarnos, y los mismos pensamientos que formamos ante las cosas.

Hay muchos ejemplos famosos de *koanes*, incluyendo el de "Aplaudir con una mano". Aquí pongo uno de los 48 que aparecen en el Wu Men Kuan:

> El Monje Bajiao (芭蕉) dijo a sus discípulos:
> "Si ya tienen un bastón, les daré un bastón,
> si no tienen bastón, les quitaré su bastón."

Los monjes itinerantes generalmente llevan consigo un bastón largo, usado como apoyo y como defensa. Los maestros Zen se refieren frecuentemente a este bastón como un símbolo de la propia naturaleza, de modo que el bastón adquiere el doble significado de Soporte y Autoconocimiento. El *koan* anterior es un juego con ambos significados, que entre otras formas se puede interpretar de esta manera:

Si ya tienes algo de autoconocimiento, entonces te apoyaré en tu búsqueda; pero si no tienes autoconocimiento y en cambio buscas apoyo externo para avanzar, te arrancaré esa ilusión.

El pasto y los árboles

Nadie puede evitar que el pasto se agoste,
Nadie puede evitar que el árbol se marchite.

Libro de las Odas, 201.3

El Libro de las Odas, también conocido como *El Clásico de la Poesía* (詩經; *Shījīng*) es uno de los clásicos confucianos más antiguos, que incluye 305 poemas escritos durate la Dinastía Zhou Occidental, entre los siglos 11 y 7 a.C. y cuyas líneas e imágenes han sido referidas por milenios en toda la literatura china.

En lo general, los temas de los poemas se pueden dividir en Himnos y Rituales, que son exaltaciones del reino de Zhou o bien descripciones de ceremonias y sacrificios; y Poemas Líricos, que incluyen temas más folclóricos como el amor y la vida pastoral, y en algunas ocasiones, sátira y humor.

Las líneas de arriba pertenecen al poema 201, un Poema Lírico de desamor que expresa sus emociones con imágenes típicamente pastorales, una forma de expresión cara a la sensibilidad china en general y a muchas ramas del taoísmo.

*

Un venado y un sueño

Un día, mientras cortaba leña, un hombre del Estado de Zheng se encontró un venado, que cazó en el acto y escondió en una pequeña cueva. Pero al ir de regreso a su aldea, olvidó la ubicación de la cueva y pensó que quizá había soñado el incidente. Así, contó su extraña historia a varios de los aldeanos que encontró en su camino. Uno de ellos, curioso, fue al lugar que el leñador había mencionado y tras una breve búsqueda, encontró la cueva y al venado muerto, que recogió y llevó a su casa. Al contarle la historia a su esposa, ésta dijo, "No creo que un leñador lo haya cazado, quizá lo soñaste." Él respondió, "Bien, pues el hecho es que tengo aquí un venado, así que poco me importa si soñé o no al leñador."

Esa noche, el leñador vio en sus sueños el lugar donde había dejado al venado, y también al hombre que lo había encontrado y se lo había llevado. Así que a la mañana siguiente, encontró al hombre y lo llevó frente al juez.

El juez oyó la extraña historia y dijo, "Leñador, cuando tuviste un venado real pensaste que fue un sueño, y más tarde cuando soñaste con el venado pensaste que era real. Él pensó que el venado era real, y su esposa pensó que su esposo te había soñado. Mi decisión es que repartan el venado entre ambos."

El soberano de Zheng escuchó esto y dijo, "¡Quizá el juez soñó que dividía el venado!"

Su primer ministro dijo, "No sé si fue un sueño o no; lo mejor es dejar que el veredicto se cumpla."

La historia anterior aparece en el *Lie Zi* (列子), en el capítulo "El Rey Mu de Zhou". El libro es atribuido al maestro taoísta Lie Yukou (列圄寇, ca. 400 a.C.) y es considerado por algunos el tercer clásico del taoísmo, junto con el *Libro del Tao* y el *Chuang Tse*. Sin embargo, aunque durante mucho tiempo se consideró al *Lie Zi* como un libro perteneciente a la importantísima época de florecimiento intelectual llamada las Cien Escuelas de Pensamiento (siglos VII al IV a.C.), es de dudarse que haya sido escrito en su totalidad en ese periodo, y hoy se considera más bien que fue completado en el siglo IV de nuestra era, a partir de verdaderos textos taoístas del maestro Lie.

El hielo y el barro

Así dice el poema 146 del *Cai Gen Tan* (菜根谭)
de Hong Yinming:

Cuando la lámpara parece una luciérnaga
y las diez mil flautas callan,
es como entrar por vez primera
en el lugar de la alegría y del reposo.
Despertar en la madrugada
cuando aún no empieza el alboroto
es como emerger del caos original
anterior a la creación.
Si aprovechamos estos momentos
para observarnos con claridad
nos damos cuenta de que oídos, ojos, boca y nariz
no son sino cadenas y grilletes,
y que nuestros deseos y adicciones
extravían nuestro entendimiento.

Las primeras cuatro líneas son una imagen de la
noche, cuando ya todo mundo se ha retirado a descansar; las líneas 5 a 8 son una imagen de los primeros momentos de la aurora. Ambos —descanso
y comienzo, final y reinicio— son referencias a la
paz de la mente y al entendimiento de los ciclos,
que son ideas clásicas del taoísmo, así como el amor
por la tranquilidad del entender la naturaleza y encontrar el propio lugar dentro de ella.

Sin embargo en la segunda estrofa la influencia
budista se hace patente, con sus imágenes clásicas
de los sentidos que nos engañan, los deseos que nos
ofuscan, y la concepción de que el mundo es iluso-
rio. Ya hemos visto en columnas anteriores cómo
Hong Yinming mezcla las tradiciones taoísta, bu-

dista y confuciana en sus poemas, buscando terreno común para que las tres corrientes aporten sus puntos de vista, iluminando las cosas desde diferentes ángulos.

Aquí existen dos ideas: por un lado el entendimiento de los ciclos —representando vida y muerte, y su inseparabilidad última— y por otro la importancia de la calma de la mente para poder hacer introspección y llegar a dicho entendimiento. Este poema es eco de una larga tradición de pensamiento que ha reverberado en la cultura clásica china. Por ejemplo en el *Chuang Tse*, uno de los clásicos del taoísmo, se dice que "Vivos y muertos, sobrevivientes y extraviados, son todos un solo cuerpo… el Cielo me hace trabajar en la juventud y relajarme en la vejez, y me otorga el descanso con la muerte."

A este respecto, otra de las imágenes más celebradas —además de la tradicional del eterno ciclo de las estaciones, que es muy conspicuo en el arte pictórico— es la del agua y el hielo, expresada de forma elegante en el tercer libro clásico del taoísmo, el *Huainanzi* (淮南子, siglo II a.C.):

Al acercarse el invierno
el agua se convierte en hielo;
al recibir a la primavera,
se rompe y se hace agua de nuevo.
Agua y hielo se suceden así uno al otro
al pasar las estaciones,
y al existir así,
¿en qué punto se puede encontrar sufrimiento?

El *Huainanzi* es un texto taoísta, pero esta imagen fue apropiada con entusiasmo en el budismo —co-

mo en el *Sutra de la Indestructibilidad* (Surangama)
del siglo VII— y en el confucianismo, por ejemplo
en el libro *La Corrección de los Errores*, del confuciano
Zhang Zai (张载, 1020-1077), donde se usan prácti-
camente las mismas palabras.

Otra de las imágenes poéticas que surgen del
mismo *Huainanzi* y que más tarde influenciaron a
generaciones de pensadores como Hong Yinming,
es la del barro:

El Creador del Mundo es como un alfarero y su barro:
lo recoge y lo convierte en jarrones, pero la sustancia es
la misma que la que estaba en la tierra. Más tarde, el jarrón se rompe y regresa al lugar del que provino, pero
ya en la tierra, la sustancia es la misma que la que dio
forma al jarrón… Una pared levantada es la misma sustancia que una pared caída, y que una pared que nunca
ha sido edificada.

*

No hacer nada

En los *Registros de la Transmisión de la Linterna* (景
德传灯录, *Jǐngdé Chuándēnglù*), se recogen historias
cortas del Zen primitivo, o sea de los primeros Seis
Patriarcas. Esta es una historia corta referida en el
mencionado libro (vol. 14):

Un día, el maestro Shi Tou (石头) vio a su discípulo
Wei Yan (惟儼) sentado meditando. Acercándose, tuvo
este diálogo:
- ¿Qué haces?
- Nada.
- Ah, de modo que estás sentado descansando.

- Si estuviera sentado descansando, ya estaría haciendo Algo. Pero no estoy haciendo nada.
- Bien, ¿pero qué es eso que no estás haciendo?
- ¡Aún mil sabios no podrían decirlo!
El maestro Shi Tou aprobó esta respuesta.

Incluso "descansar sin realizar ninguna actividad" es ya una decisión, que excluye otras. El maestro Wei Yan (745-828), fue un practicante durante los primeros tiempos de formación del Zen, y después de estudiar con el maestro Shi Tou, empezó a enseñar en Yaoshan (藥山, la Montaña Medicinal) en la moderna provincia de Hunan .

¿Buda fue engañado?

Este es otro ejemplo de diálogo Zen, en este caso proveniente del *Zutang Ji* (祖堂集), o *Registro de los Salones de los Patriarcas*, otro de los cánones más antiguos, completado en 952 (principios de la Dinastía Song). Este registro de maestros tempranos formó una de las escuelas del Zen más importante, llamada Linji (臨済宗) que más tarde fue de las más influyentes en Japón, con el nombre de Rinzai. En el Vol. 3 del Zutang Ji se encuentran los Diálogos de Huizhong, uno de los cuales dice así:

> Huizhong le preguntó a su discípulo, Lin:
> - ¿Qué significa Buda?
> - 'Iluminación'.
> - ¿Alguna vez Buda vivió engañado?
> - No.
> - ¿Entonces cuál fue el caso de la Iluminación?

Si la palabra Buda significa iluminación, eso implica que el Buda histórico alguna vez vivió engañado, si no, no puede existir la transición de ignorancia a iluminación. Esto, a la misma vez resalta la cualidad humana de Buda y la esperanza de que cualquier humano pueda seguirle; y la noción de que hay una esencia siempre iluminada.

Huizhong (慧忠; 675-775) fue uno de los primeros grandes maestros, que se opuso a la fragmentación de las escuelas Zen y fue un devoto practicante de la meditación por medio de *koanes*, esas paradojas enfocadas a destrabar las dicotomías de la mente.

Iluminación en una sola noche

Esta famosa ilustración pertenece al *Registro de los Orígenes de las Cinco Lámparas*, una colección de escritos que recogen diálogos y enseñanzas de los cinco primeros patriarcas del budismo Chan, empezando con el monje Bodhidharma (Da Mo en chino, Daruma en japonés). Bodhidharma es famoso además por su "imagen en la piedra": se dice que después de nueve años de practicar meditación en una cueva en la Montaña Songshan, su imagen se grabó en la pared de la cueva. Esta piedra fue consagrada y permanece hasta el día de hoy en el famoso Templo de Shaolin.

Este diálogo es conocido como "La Iluminación de Una Sola Noche":

El maestro Xuanjue de Yongjia llegó a una asamblea conducida por el Sexto Patriarca Huineng. Entonces agitó su bastón, caminó tres veces alrededor del asiento de Huineng, y se quedó de pie resueltamente frente a él.

El patriarca dijo, "La conducta de un monje debe ser acorde a las tres mil regulaciones y los ochenta mil ejemplos. ¿De dónde vienes, que eres tan arrogante?"

El maestro Xuanjue contestó, "La vida y la muerte son grandes cambios, y pasan de forma demasiado rapida para saber lo que me preguntas."

"Entonces, ¿por qué no aprendes el misterio de que no hay vida ni muerte, y por qué no entiendes el principio de que no hay rápido ni despacio?"

"El aprendizaje no está sujeto a la vida o la muerte, y el entendimiento en sí mismo no es ni rápido ni lento."

El patriarca dijo, "Así es. En verdad así es."

Todos los presentes estaban sorprendidos por este intercambio. Entonces, el maestro Xuanjue presentó sus respetos al patriarca con la ceremonia apropiada. Tan pronto como hubo terminado, se dispuso a retirarse. Entonces siguió este intercambio:

- ¿Te vas tan pronto?

- En realidad no me he movido. Pronto o tarde no influyen en esto.

- ¿Quién podría saber que no te has movido?

- Sólo aquellos que insisten en distinciones arbitrarias notan si uno se mueve o no.

- En verdad entiendes el significado de no estar limitado por la vida y la muerte.

- ¿Cuál es el objeto de no estar limitado por la vida y la muerte?

- ¿Y quién hace ahora distinciones arbitrarias entre si hay objeto o no?

- No hay objeto en hacer distinciones.

- ¡Maravilloso! ¡En verdad maravilloso! - Dijo el patriarca con aprobación, y añadió - ¿No te quedarás esta noche antes de partir?

Poetas y cuentos

La flauta sin agujeros, el arpa sin cuerdas

El poema 322 del *Cai Gen Tan* dice así:

El caballero en su reclusión
hace todo cuanto puede para llegar al entendimiento.
Así, disfruta bebiendo vino sin que nadie lo incite,
se regocija al jugar ajedrez sin rivalidad,
encuentra que una flauta sin agujeros es suficiente
y que un arpa sin cuerdas es magnífico.
Las reuniones sin horas señalada son las más sinceras
y los invitados que no requieren ceremonias,
los más francos.
Pero si se realizan estas cosas
involucrando rígidos formalismos
se caerá en el mar de lágrimas del mundo.

Como buen erudito, en un poema corto como este Hong Yinming logra encapsular gran cantidad de referencias a la tradición confucianista en particular, y literaria en general. Veamos sus partes y sus referencias una por una. Los primeros dos renglones presentan el principio confucianista clásico del hombre virtuoso, que emplea su tiempo en cultivarse constantemente.

En la tercera línea se hace alusión a un motivo también importante en la literatura de los letrados: el de la "embriaguez poética" que es una sublimación de la sensibilidad estética. Poetas famosos como Li Bai (李白, 701-762), han escrito versos para celebrar tal estado de contemplación mezclada con un profundo entendimiento:

Un jarro de vino entre las flores:
bebo solo, lejos de parientes y vecinos.

Alzo mi copa para invitar a la luna a que me acompañe;
junto con mi sombra, tenemos ya tres aquí reunidos.

Y Du Fu (杜甫, 712-770), otro de los más grandes poetas, llamado "El Poeta Sabio", escribió así:

Cuando el crepúsculo toca mis persianas
el río exhala esencias de primavera.
Dulces aromas irrumpen desde la orilla del río
y el humo se levanta en la cocina de los pescadores.
Los gorriones se dispersan de entre las ramas
y sobre el techo giran las nubes de insectos.
Veo mensajeros del cielo con cada sorbo de vino
y como nubes, mis preocupaciones se desvanecen.

A continuación, las tres líneas siguientes (jugar ajedrez sin rivalidad, y usar una flauta sin agujeros y un arpa sin cuerdas) habla del conocimiento no-superficial de las cosas, usando imágenes del taoísmo que hacen énfasis en la espontaneidad y en la no-confrontación. El *Libro del Tao*, de Lao Tse, dice así:

Aquel que sabe conservar la vida
camina por lo desierto y no halla tigres ni rinocerontes;
camina entre el ejército sin peto y sin espada.
Así el rinoceronte no encuentra dónde hundirle el cuerno
ni el tigre dónde clavar su garra
ni las armas dónde hundir su filo.

Las líneas 7 a 9 son una recomendación del *Libro de los Ritos* (礼记, Li Ji), un clásico compilado entre los siglos VI y II a.C., y donde se discute de esta forma el espíritu verdadero de cualquier rito:

Una música solemne y grandiosa no es necesariamente hermosa y perfecta; las ofrendas presentadas en los ritos de sacrificio a los ancestros no deben ser necesariamente los más raros manjares. Para los sacrificios en el templo ancestral, el laúd que se toca no tiene más que cuerdas rojas y unos pocos agujeros, y una persona canta con otras tres formando un coro, para indicar que no se trata de un concierto grandioso. Para el rito del Gran Sacrificio a los Ancestros, se da importancia a presentar agua fresca, pescado crudo y un caldo sin condimentar, para indicar que no se trata de una fiesta suntuosa.

Finalmente, la última línea del poema menciona que al realizar las acciones de forma rígida (en vez de natural) se cae en el "mar de lágrimas" o bien "mar amargo", que es una imagen típicamente budista para referirse a la confusión que nace del deseo y del egoísmo.

En verdad, poemas así no son otra cosa que sabiduría concentrada.

Los locos

El verso 20 del *Tao Te Ching* menciona un tema que es recurrente en el taoísmo, el alejamiento de las astucias y los afanes del mundo, sin por eso hacerse ermitaño, sino más bien pareciendo un loco:

Como quien no sabe adónde dirigirse,
como quien no tiene hogar.
Todo el mundo vive en la abundancia, sólo yo parezco desprovisto.
Mi espíritu está turbado como el de un ignorante.
Todo el mundo es esclarecido, sólo yo estoy en tinieblas.
Todo el mundo resulta penetrante, sólo yo soy torpe.
Como quien deriva en alta mar,
todo el mundo tiene algo que hacer, sólo yo soy un inútil.

En la historia china hay una gran cantidad de monjes y artistas conocidos por su comportamiento exótico en esta, la mejor tradición taoísta. Entre los artistas famosos se encuentra Mi Fu (米黻, 1051-1107), uno de los más grandes calígrafos de la dinastía Song; y que una vez apareció en ropas ceremoniales para rendir homenaje a una piedra a la que llamaba "mi suegro". Era a la vez admirado por su arte y rechazado por su conducta en la corte. Hanshan (寒山, s. IX) es otro poeta loco semi-legendario. Hay que mencionar que a diferencia de los poetas locos occidentales, los chinos no son trágicos sino siempre de buen humor.

Cada dinastía ha contado con su grupo de artistas y poetas excéntricos. Quizá el loco más famoso y más querido es Ji Gong (济公, 1130-1207), un monje zen de la dinastía Song del Sur que abiertamente rechazaba muchas de las normas y restricciones de los monasterios pero cuya conducta generosa y sus conocimientos de medicina le granjearon la admiración de taoístas y budistas, por lo que es venerado como un santo en ambas tradiciones, aunque fueron los taoístas quienes lo aceptaron en vida tras ser expulsado del monasterio budista donde no soportaban sus excentricidades. Tras su muerte sus aventuras se hicieron legendarias y dieron pie a un romance que se escribió por siglos y al que aún se le agregan capítulos, en donde él es un santo con poderes sobrenaturales, un poco al estilo del Rey Mono.

Cabellos blancos

Zhu Shu (朱书, 1654-1707) fue un escritor de principios de la dinastía Qing. Como buen erudito con tintes de granjero, o sea la forma ideal clásica del sabio chino que es confucianista en la sociedad pero taoísta en lo más íntimo, escribió poemas sencillos y sin rebuscamiento, que no pueden sino resonar y hacernos asentir en silencio y una sonrisa. Aquí hay uno de una colección llamada "Poemas de los Inmortales de los Campos":

Veo cien nuevos cabellos blancos en mi cabeza
y cuando arranco uno otro le sustituye prontamente.
¿Por qué no mejor dejarlos en paz y dejar que crezcan?
Cada momento luchando contra ellos es un momento perdido.

El exquisito placer del ocio

Este es un poema del erudito Zhou Xingsi:

Vivir retirado y sin preocupaciones;
  en silencio y tranquila soledad.
Busca a los clásicos, encuentra sus palabras;
  dispersa tus angustias y camina en libertad.
Así gozando de las horas se aleja toda carga,
  se marchitan los pesares e invitas a la alegría.
¡Ah, la belleza del estanque con las flores de loto,
  y del retoñar de la hierba en el jardín!
A fin de año el níspero es verde como jade,
  y el árbol de firmiana pronto se marchitará.
Las viejas raíces se agostan en la sombra,
  las hojas caen y flotan en el viento.
La mítica ave Kun asciende sola a las alturas,
  y en su vuelo bordea el púrpura del cielo.

Este poema celebra al legendario poeta Tao Yuanming y a su ideal del retiro a la vida del campo.

Tao Yuanming (365-427) fue un poeta y erudito que vivió durante la Dinastía Jin y es considerado uno de los literatos más influyentes de la historia china, convirtiéndose con su propio ejemplo en la imagen del "poeta recluso": aquél que abandona la vida oficial para volver a la simplicidad del campo. En el caso de muchos poetas, esto era tan sólo una celebración de esa romántica imagen, pero Tao Yuanming lo llevó a la práctica en realidad.

A los 12 años había quedado huérfano, pero había comenzado ya su educación formal, en la que destacó desde muy joven. Sin embargo, aunque con grandes deseos de dejar su marca en la administra-ción, tuvo la desgracia de vivir en una época turbu-

lenta y marcada por la corrupción, donde era difícil
que los hombres talentosos como él fueran reconocidos. De modo que no fue sino hasta los 29 años
que finalmente le fue asignado un puesto menor.

Cuando finalmente se desempeñó como oficial,
pese a todos sus esfuerzos de trabajar con honradez,
se desilusionó de lo que vio en el desempeño diario
de su cargo. Durante 11 años trabajó con ahínco en
puestos civiles y militares, pero siguió siendo desairado para ocupar los puestos de mayor responsabilidad que merecía, y tan sólo ganaba cinco barriles
de arroz al año.

Un día, recibió una carta de sus superiores, avisándole que un cierto inspector provincial iría a visitar pronto su distrito, y que tendría que atenderlo.

El viejo mayordomo oficial del magisterio vio
también la carta y le dijo a Tao que deberían empezar a preparar los 'regalos' —el eufemismo para referirse a los sobornos— que debían dar al oficial
visitante.

Para Tao, este fue lo último que estaba dispuesto
a soportar. Enojado, dijo, "¿Por cinco barriles de
arroz un hombre debe vender su dignidad?" Con
esto, desbrochó su cinturón de oficial y regresó al
campo, de donde ya no volvió a salir.

Después de este episodio, Tao Yuanming tomó
una pequeña cabaña en las afueras de su pueblo
natal y por el resto de su vida —más de veinte
años— se dedicó a la vida del agricultor. Ahí encontró la paz del alma que buscaba, y escribió algunos
de los poemas más famosos celebrando la vida sencilla, como estos:

Vivir en una choza en el campo,
  habiendo renunciado a los lujos.

¡Fuera de la ciudad, sin escuchar
el sonido de un carruaje ni de un caballo!

* *

Somos pobres pero ¿quién necesita una casa enorme?
Basta con que pueda albergar nuestras camas y este-
ras.
  Los vecinos suelen cantar y se entretienen
    hablando de las cosas de días pasados.
  Nos deleitamos con viejos poemas,
    explicando partes que no habíamos comprendido.

* *

Primavera y otoño dan los mejores días
  para subir a las montañas y escribir poemas.
En cada puerta los saludos se multiplican y si hay
vino, se ofrece.
  Tras un día de trabajo en el campo vuelvo a casa.
  Al descansar, a veces pienso en algún buen amigo
    y enseguida me visto y voy a visitarlo;
    no paramos de charlar y de reír.
No hay vida mejor, no la cambio por nada.
Y aunque es verdad que no se puede vivir
    sin alimento y sin ropas
    nunca me cansaré de trabajar estos campos.

Tao Yuanming ha sido inspiración de incontables poetas y oficiales durante la historia, que siguieron su ejemplo o filosofaron sobre sus mismas convicciones. Uno de ellos fue Wang Wei (王維, 699-759), uno de los artistas más influyentes de la Dinastía Tang, que escribió:

En la vejez busco sólo la tranquilidad.
Sin nada que me importune,
encuentro a un viejo en los bosques
y el diálogo y la risa sigue entre ambos.

101

Y otro fue Lu You (務觀, 1125-1209), poeta de la Dinastía Song del Sur, que a su vez se retiró de la vida de la ciudad para vivir en reclusión. Uno de sus poemas celebra así esta elección, recordando a ese poeta de 800 años atrás:

En mi cama leo las coplas de Tao
y luego bajo la llovizna atiendo mis vides.

El ratón y el genio

Una vez, un ratón encontró a un genio, y se ganó su favor. El genio dijo que podía conceder al ratón un deseo – el que fuera - siempre y cuando lo pensara con detenimiento. Al oír esto el ratón dijo, "¡Quiero convertirme en el ser más poderoso del mundo!"

"¿Y cuál es ese ser?" preguntó el genio.

"¡El agua! He visto al agua bajar del cielo, y cuando baja por las laderas de la montaña, puede vencer a árboles viejos y rocas enormes."

El genio asintió, y el ratón se convirtió en Agua.

Pero al ser agua, se dio cuenta de que sin importar con cuánta violencia corriera y cuántos árboles arrancara, al quedarse quieta el sol venía y la evaporaba. De modo que fue de nuevo con el genio.

"Genio, me equivoqué, de hecho es el sol quien es el más poderoso. Quiero ser el sol en lugar del agua."

El genio asintió otra vez, y convirtió al agua en Sol.

Así que el sol evaporaba grandes cantidades de agua, haciendo sentir su calor por todos lados. Pero al ser el sol, se dio cuenta de que era en realidad muy pequeño comparado con la inmensidad del cielo, a través del cual viajaba pero nunca podía abarcar por completo. Así que fue con el genio y dijo,

"Genio, me equivoqué por segunda vez. ¡En verdad es el Cielo lo que quiero ser!" Y su deseo fue concedido de nuevo.

Pero ahora, sin importar qué tan grande fuera, las nubes podían llegar en cualquier momento y ocultarlo a la vista.

Cada vez más contrariado, fue de nuevo con el genio para que lo convirtiera en Nubes, pensando que era difícil llegar a saber cuál era el Ser Más Poderoso del Mundo.

Siendo las nubes, se dio cuenta que aunque podía ocultar al mismo cielo, no tenía poder alguno en contra del viento, que lo movía a su antojo. Sobra decir que fue a buscar al genio quien por quinta vez, sonrió y asintió ante el deseo de ser el Viento.

Así que como el viento, soplaba y dispersaba las nubes más negras y densas, pero aún con toda su fuerza, se estrellaba una y otra vez contra la vieja y venerable montaña. Angustiado ante su torpeza, dijo, "Genio, creo que por fin he dado fin a mi búsqueda: no creo que haya nadie más poderoso que la montaña. Incluso el sol, el agua y el viento no pueden moverla." Y fue convertido en montaña.

Alta e inquebrantable, la majestuosa montaña veía ir y venir a los elementos, al sol y a la luna. Era en verdad poderosa, y se sintió feliz.

Pero después de un tiempo, se dio cuenta de algo insólito: vio la presencia de un gran número de pequeñas criaturas que hacían su hogar dentro de ella, lenta y silenciosamente, sin que pudiera hacer nada por evitarlo.

Estas criaturas eran ratones.

Se quedó pensando un largo tiempo, y luego regresó con el genio.

"Genio, perdona mi ceguera. Por favor dame la forma de lo que en verdad soy," dijo. "Porque he llegado a entender el verdadero significado del Poder."

El genio sonrió, y asintió.

(*Kung Fu en Una Taza de Té.* IV, 3)

Los maestros japoneses: arte y combate

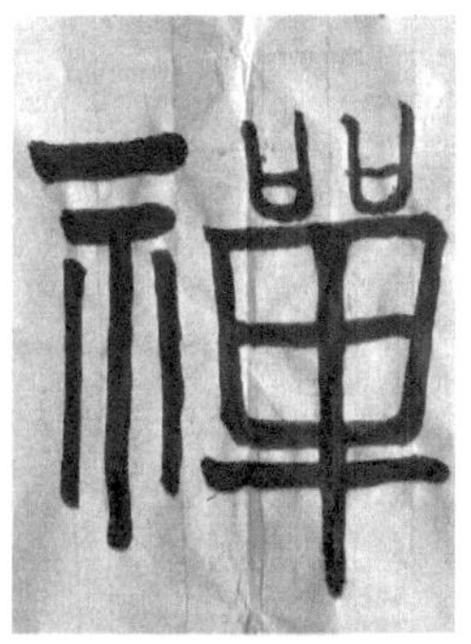

Tao y Zen

A continuación un extracto de *"El Libro del Té"*, del maestro japonés Kakuzo Okakura (1862-1913), en donde hace una excelente exposición de la cultura y ceremonia del té, y de cómo se relaciona históricamente —y de hecho encarna— los principios taoístas y de su sucesor en Japón, el Zen:

Tao significa literalmente, Camino. Ha sido diversamente traducido como la Vía, el Absoluto, la Ley, la Naturaleza, lo Supremo, o la Forma. Estas traducciones no son incorrectas, ya que también el uso que los taoístas hacen del término varía dependiendo del contexto. Laotse mismo dijo, "Hay algo que contiene a todas las cosas, que fue antes que el cielo y la tierra. Es silencioso y es solitario. Es por sí mismo, y no cambia. Gira sin daño para sí y es la madre del universo. No sabiendo su nombre, lo llamo Tao. Con reticencia, le llamo infinito. Lo infinito es lo pasajero, lo pasajero es lo que desaparece, lo que desaparece es lo que retorna."

El Tao está en el Pasar, más que en el Camino. Es el espíritu del cambio universal, el eterno crecimiento que regresa a sí mismo para producir nuevas cosas. Se enrolla en sí mismo como el dragón, ese amado símbolo de los taoístas. Se pliega y se expande como lo hacen las nubes. Se puede hablar del Tao como la Gran Transición. Subjetivamente, es el Humor del Universo. Su absoluto es lo relativo.

Debe recordarse en primer lugar que tanto el taoísmo como su legítimo sucesor, el Zen, representan la tendencia individualista de la China del Sur, en contraste con el colectivismo de la China del Norte, expresado en su sentir confuciano. El Imperio Central es tan grande como Europa, y existe en él una diferencia de idiosincracias delimitada por los dos grandes ríos que lo atraviesan. El Yangtse y el Huang He son, respectivamente, el Medite-

rráneo y el Báltico de China. Aún hoy, a pesar de siglos
de unificación, el chino del sur difiere en pensamiento de
su hermano del norte tanto como un latino difiere de un
teutón.

En la antiguedad, cuando las comunicaciones eran
mucho menos eficientes –y en especial durante su época
feudal– se hizo más pronunciada esta diferencia de pensamiento. El arte y la poesía del uno alienta un espíritu
completamente diferente del otro. Tanto en Laotse y en
sus seguidores como en Ku Tsugen (el antecesor de los
poetas naturalistas del Yangtse) encontramos un idealismo que contrasta con las rígidas nociones éticas de sus
contemporáneos del norte.

…El Zen, como el Taoísmo, hace caso especial de la re-
latividad de las cosas. Un maestro definió una vez el Zen
como el arte de sentir la estrella polar en el cielo. La verdad puede ser comprendida sólo a través de la comprensión de los opuestos. Y además el Zen, como el Taoísmo,
respalda la búsqueda individual. Lo que llamamos real
son cosas relacionadas con el funcionamiento de nuestras
mentes. Una vez, el Sexto Patriarca Yeno, vio a dos monjes que observaban una bandera ondeando. Así discutían
los monjes, "Es el viento lo que se agita"; "No, es la bandera la que se agita." Al preguntarle a Yeno por su op-
nión, éste dijo, "No se agita el viento ni la bandera, son
sus mentes las que se agitan."

*

Tao, Zen, Espada

Entre 1571 y 1646 vivieron tres de las figuras más importantes y definitorias de las artes marciales y de su filosofía en Japón: Miyamoto Musashi, Takuan Soho y Yagyu Munenori. El primero es desde luego el más conocido de los tres: el espadachín más famoso de la historia, cuya vida se ha novelizado y llevado al cine varias veces. Su "Libro de los Cinco Anillos" es bien conocido también entre los practicantes de artes marciales.

El segundo, el monje Takuan, es uno de los filósofos Zen más importantes y fue influencia decisiva en el pensamiento tanto de Musashi como de Munenori; su libro "La Mente Sin Ataduras" es un texto fundamental para el entendimiento del arte de la espada en particular, y de la filosofía Zen japonesa en general.

Yagyu Munenori es el menos famoso —pero no por eso el menos influyente— de los tres. Venía de una tradición aprendida por su padre, y perfeccionada por él mismo, llamada la "No Espada", una técnica muy avanzada para enfrentarse con las manos desnudas a alguien armado. Cuando su padre hizo una demostración de la técnica al daimyo (jefe militar) Ieyasu Tokugawa, éste se quedó tan impresionado que de inmediato hizo a padre e hijo sus instructores. Munenori tenía 22 años en ese momento, y desde entonces ya no se separó del daimyo, siendo su instructor principal y guardia de confianza.

Dice la historia que 20 años después, Tokugawa había llevado a sus fuerzas a asediar a un castillo rival. El sitio se prolongaba y un día, en un ataque sorpresa, veinte hombres armados salieron del castillo y con velocidad inesperada llegaron blandiendo sus espadas hasta la tienda misma de Tokugawa, creando pánico y confusión. Pero de pronto, entre ellos y el daimyo se situó calmadamente Munenori, y con un movimiento tan grácil como veloz, abatió con la espada a siete de los asaltantes. Esto dio tiempo a los guardias a recomponerse y alejar al resto de los guerreros.

Cuando Tokugawa se convirtió finalmente en shogun (máximo señor feudal), mantuvo a Munenori siempre a su lado y, en el único caso en la historia de Japón, lo elevó al rango de señor feudal menor.

Munenori, influyente como fue, siempre mantuvo su interés en las enseñanzas del Zen y del taoísmo, y cómo se relacionan con la práctica de la espada, del gobierno y de la guerra. Completando las aportaciones de estos tres grandes, él mismo también escribió un libro en donde expresa sus reflexiones: *"La Espada que Da Vida"*. El siguiente es un extracto del capítulo 2, donde sopesa las graves responsabilidades del uso de las armas:

En tiempos antiguos se dijo,
"Las armas son instrumentos de mal agüero. El Cielo las encuentra repugnantes, y el Camino del Cielo es tan sólo usarlas cuando es necesario."
Si nos preguntamos porqué esto es así, es porque el Camino del Cielo es uno que da vida, mientras que estos instrumentos de muerte son dañinos, por lo que se les considera repugnantes.
Sin embargo, dice al final que el tomar esas armas y usarlas cuando no puede ser evitado, también es parte del Camino. Si te preguntas qué significa esto, podemos

decir que las flores se abren y la hierba crece en la brisa de primavera, pero las hojas caen y los árboles se marchitan al llegar el hielo del otoño. Este es el juicio del Cielo.

Hay una razón por la cual algo que ha llegado a su lleno debe ser golpeado. Un hombre puede hacer uso de su buena fortuna y luego cometer injusticias, así que lo golpeas cuando su bolsa de injusticia está llena. De esta forma puede decirse que el uso de las armas es también parte del Camino del Cielo. Hay tiempos en los que diez mil personas sufren por la maldad de una sola, y al destruir a esa sola persona, le das vida a diez mil.

Pero hay un arte para usar las armas. Si no aprendes ese arte, puedes muy bien ser tú el aniquilado por aquél a quien pretendes destruir.

Piensa en esto con cuidado. En lo que llamamos el arte marcial, un guerrero se enfrenta a otro, ambos con una espada. En este arte marcial hay un solo vencedor y un solo vencido; esta es un arte marcial muy pequeña, porque aunque hay victoria y derrota, la pérdida y la ganancia son pocas. Es un gran arte marcial cuando una persona vence, y su estado vence con ella, o cuando un individuo es derrotado, y su estado con él.

En un duelo entre dos espadas, la victoria es de aquél que armoniza el Principio y la Forma, mente y cuerpo. En un conflicto entre muchas espadas, la victoria es de quien piensa con cuidado en su estrategia, y controla y usa con cuidado sus fuerzas.

*

Forma, función y esencia

El halcón le dijo al búho, "Al verte, noto que tienes en verdad una extraña forma, con ese pequeño pico en una enorme cara redonda. Pareces traer una caperuza negra y un vestido de cáñamo como los sacerdotes errantes, y recuerdas a un demonio de la isla de los pigmeos. Y aunque tienes ojos grandes, eres ciego de día y no reconoces ni al sol mismo. Eres un holgazán durante el día y las otras aves se burlan de ti, y de noche te ocultas en la maleza y devoras a pequeñas criaturas que duermen. Algunas veces los cazadores te usan como señuelo y te atan a un palo, lo que también invita el escarnio de las otras aves. ¡Ah, miserable! De entre las cuarenta y ocho clases de halcones, eres sin duda la más patética. Me dan escalofríos sólo de pensar en tu situación."

El búho giró su cabeza y respondió, "Señor halcón, está usted en un gran error. Entre el cielo y la tierra hay criaturas que vuelan por el aire, otras que trepan a los árboles, otras que corren por las extensiones de tierra y otras que nadan en las aguas. Hay criaturas bellas y otras que son desagradables a la vista, pero todas sin excepción recibieron el designio del Creador desde un principio, y no eligieron su forma por voluntad propia. Si pudiésemos escoger una forma física con libertad, ¿quién desearía ser un minusválido? El que mi apariencia sea extraña y que mis ojos sean inservibles durante el día es la naturaleza que el Cielo me ha concedido, como a todos los demás. El escarabajo vive en el excremento, y el gusano entre montones de suciedad, pero ambos ven tales lugares como palacios y torres. La serpiente no tiene pies y la lombriz no tiene ojos, pero ambos viven de forma adecuada y nada les falta. Cada ser creado tiene su alimento y su hogar; querer ir más allá de la propia naturaleza y envidiar la de otros es darle la espalda al Cielo. Aunque es cierto que mis ojos son miopes en el día, pueden ver con claridad en la noche; así que encuentro mi comida y no paso hambre. Aunque las otras aves me vean con curiosidad y se rían de mí, no es algo que deba contrariarme. ¿Qué pueden hacer con su risa?

"Yo no daño las casas de los hombres, como los milanos y los cuervos, ni soy codiciado como los gansos y los patos mandarines. De vez en cuando un cazador me usa como señuelo para atraer a sus presas, y aunque las otras aves me desdeñen, no sufro tal cosa porque el cazador me odie o porque sea malvado, sino que es un ardid que ha encontrado para sobrevivir en su tarea. Es inevitable, todos los que estamos en este mundo debemos practicar la humildad tarde o temprano.

"Cuando cazo un ratón y estoy a punto de comerlo, no tengo otro pensamiento que sentarme sencillamente a tomar mi alimento. Cuando no tengo hambre, dejo que el ratón se vaya. Usted, señor, es un halcón y como tal, es brioso, digno y hermoso de contemplar. Se percha sobre el brazo de un noble y tiene una condición diferente que la de las aves que son presas a ser capturadas. Pero cuando sale a los campos, las penas que pasa para capturar a tales aves son mayores que mis afanes. Si captura un ave, no es para usted sino para su amo, y si encuentra a una más grande, bien podría caer en la pelea. Para mí, su situación es como tener mis patas atadas y vivir en una jaula.

"Vea este árbol, podría ser cortado mañana. La mitad de él podría ser usada para hacer un incensario, laqueado y decorado con filigrana de oro y plata, y puesto en la alcoba de un aristócrata. Y la otra mitad la podrían cortar en tablones para que la gente pueda caminar sobre el fango. Cuando la gente ve las dos formas diferentes, admiran una y desairan la otra, pero son la misma cosa si consideraran su origen."

Un ave que estaba escuchando la conversación dijo al búho, "Al verte, no puedo decir que tu forma es elegante, pero tienes cabeza y alas; tienes patas, orejas y pico. Estás equipado con todo el cuerpo de un ave, así que no podemos decir que tengas defectos; y aunque no ves de día, en la noche la oscuridad no te impide cazar a tu presa. Al ver los diferentes tipos de ave, me doy cuenta de que el milano está siempre desaliñado y lleno de liendres, el plateíno tiene un pico en extremo extraño, y la codorniz no tiene cola. Sin embargo nadie se ríe de ellos sino de ti ¿Será por envidia, o porque se te considera un halcón a pesar de tu forma torpe? ¿Podría ser por alguna mala acción en vidas pasadas? ¡Ah, cualesquiera la razón, es una pena!"

El búho dijo, "No sé cuál sea la razón, pero sé que Lao Tzu dijo, 'Existe una realidad, los hombres tan sólo le asignan nombres'. Puedo ver que mi forma no es común, y que otras aves de mofan de ella, pero esto no puede ser algo que yo deba odiar. Tampoco me debe enorgullecer que los hombres me consideren parte de la familia de los halcones. Quizá me llamaron así por el hecho de que cazo presas también, pero tampoco voy a rehusar tal mote. Si los hombres me llaman halcón y las aves se ríen, sea pues. Si un hombre me captura para usarme como señuelo, se ocupa de mantenerme sano. Y si hace eso por mí, ¿no debería devolver el favor? Todo eso está en mi naturaleza."

Esta es una conversación entre pájaros acerca de principios invisibles y manifestaciones visibles. Un cuento del samurai y maestro taoísta del s. XVII-XVIII, Issai Chozanshi (Niwa Jurozaemon Tadaaki). En sus escritos hay budismo, shinto, confucianismo y taoísmo, largamente estudiados, asimilados y destilados en historias simples como esta.

El Tao en el arte ecuestre

Aquél que entiende el Tao del arte ecuestre lleva a su caballo al este y al oeste, pero su mente no se agita y su cuerpo está relajado. Vistos de perfil, se podría decir que hombre y caballo parecen uno solo. Este jinete simplemente corrige los pequeños errores de su montura, y no hace nada en contra de la naturaleza misma del caballo. Así, aunque el hombre está sentado en la silla y es el amo del caballo, éste no se molesta y avanza según su propio entendimiento. El caballo se olvida del hombre y el hombre del caballo, sus espíritus se unen y no van en direcciones contrarias. Se puede decir que no hay hombre en la silla, ni caballo bajo ella. Esta es una forma de 'moverse sin movimiento' que es fácil de ver. Un jinete sin destreza irá en contra de la naturaleza del caballo, y él mismo no hallará sosiego. Cuando hombre y bestia están separados y confrontados, todo el cuerpo del hombre dará saltos, su mente estará preocupada por el paso del caballo, y éste a su vez estará a disgusto. En un antiguo manual de equitación hay un poema, supuestamente escrito por un caballo:

Me fustiga
indicando el avance,
mas luego tira de la rienda.
Mi boca se abre
y ni siquiera puedo moverme.

Esta imagen pinta perfectamente el reflejo de nuestra agitación. Pero no sólo se aplica a caballos: se debe pensar con cuidado en este tema al lidiar con los hombres. Si vas en contra de su naturaleza

y en vez de seguirla aplicas detalles académicos, ni
tú ni tus hombres hallarán reposo.

-- Issai Chozanshi (1659-1741), en *El Sermón del
Tengu.*

El maestro y la verdad

Un maestro sólo puede transmitir una técnica o esclarecer un principio, pero el hallar la verdad de las cosas es algo que reside en ti.

Las escrituras están todas en ti mismo; aquellas que han sido puestas en palabras tan sólo apuntan hacia las cosas que aún no has intuido.

Es fácil hablar, y fácil es escuchar las palabras de la enseñanza. Pero es difícil ver que esas palabras son algo dentro de ti, y hacerlas realmente propias.

-- Issai Chozanshi, en *La Misteriosa Técnica del Viejo Gato*

El maestro de teatro

Este un extracto del libro *Fūshikaden*, que se ha traducido como *The Spirit of Noh*, y también como *The Flowering Spirit*:

Pon empeño en la práctica de tu disciplina y evita la arrogancia. Es fácil entender una estrategia y prevenirte contra ella una vez que la has visto aplicada, pero la razón por la que alguien es derrotado es por no haber estudiado y entendido la naturaleza del combate. Así son las cosas que llamamos 'secretas'. A lo que permanece oculto le llamamos La Flor.

El libro fue escrito en 1418 por Zeami Motokiyo, experto en estética, actor y autor de obras para Noh, el teatro tradicional japonés. El título del libro (風姿花伝) se traduce literalmente como *"La Transmisión de la Flor por Medio de la Forma"* y es el primer y más importante tratado acerca de drama en Japón. Por 'Flor' se refiere a la esencia —el espíritu— de la práctica, que es transmitido aquello que la hace física y visible: las formas.

Lo interesante es que, aunque el texto habla de la práctica de la actuación, la danza, el uso de las máscaras y de la voz, etc.; como buen texto filosófico va a los principios y las fuentes de las cosas, que son comunes a todas las disciplinas. Como se puede observar en el párrafo mencionado, hace alusiones a la estrategia y al combate para explicar algunos de sus puntos, y en las décadas y los siglos que le sucedieron, el *Fūshikaden* se convirtió no sólo en un clásico de su género, sino en un texto de referencia obligada para aquellos que practicaban las artes marciales.

La estética da formación. Al leer el texto como practicante marcial, se recuerdan las formas a través de cuyas secuencias se encuentra más que patadas y golpes; al hacer la Forma, el practicante encentra Sentido. Cuenta una historia, explica una línea de pensamiento, crea oportunidades de desarrollo. No es de sorprender que un tratado que pudo comenzar pensando para el teatro nos acercara al espíritu, si hasta en las cosas mas sencillas uno puede encontrar la perfección.

*

La práctica de la espada

El Arte de la Espada no es solamente realizar esfuerzos para derrotar a otros, sino para comprender las Grandes Transformaciones de la existencia, y llegar a la claridad de entendimiento acerca de la vida y la muerte. Alguien que quiere ser un samurai debe entender esto y mantener este entendimiento siempre presente. Así, el samurai sabe de la vida y la muerte; no hace adaptaciones innecesarias a su mente; no alberga dudas ni vacila al actuar; no usa tretas, prejuicios ni ingenios; armoniza su mente y su ch'i y no depende de nada, siendo sereno como un lago profundo.

- Issai Chozanshi, en *Los Cuentos del Taoísta Pueblerino*

Así, la espada marca un camino recto que nos hace entender que la vida y la muerte son parte de un mismo proceso. Y continuando con el tema de las armas que no son para lastimar, sino más bien armas contra la inconsciencia y como herramientas para encontrar el camino, un fragmento del *Tao Te Ching:*

El Tao es como tensar un arco:
el extremo superior baja, el inferior sube;
reduce su longitud y agranda su anchura.
Así es el sendero del cielo:
reduce al que posee demasiado, amplía al que posee poco.

Pero el sendero del hombre no es así:
a quien posee poco le arrebata,
para aumentar la fortuna del que posee mucho.

¿Quién es moderado? Solo él que vive el Tao

Por eso el sabio cuando ofrece no presume de ello,
ni quiere que se muestre su sabiduría.

Y en el mismo Libro del Tao, el verso 69 puede traducirse así:

Dicen los soldados: antes que atacar, prefiero replegarme
antes que avanzar una pulgada prefiero retroceder un pie.
Esto se llama marchar sin aparentar moverse,
ó levantar tus mangas sin mostrar tus brazos.
 Es capturar al enemigo sin atacar,
y estar armado sin tener un arma.

El entendimiento súbito

"Los guerreros de antaño habían resuelto estudiar su arte con dedicación: pasaban largas noches disciplinándose y practicando sus técnicas, controlaban su ch'i, participaban en duelos. Sin embargo, sus mentes muchas veces aún no estaban abiertas incluso tras todo ese esfuerzo. Tras llegar a cierta comprensión propia de vida y muerte, un día encontraban a un monje que les explicaba que las cosas son reflejos de la mente, y con esto súbitamente llegaban a su propia comprensión. Con el espíritu finalmente en reposo, podían dejar de estar atados a las cosas de las que aún dependían, y así podían encontrar la libertad total de acción.

"Para tales hombres, que habían pasado largos años de entrenamiento y disciplina, una revelación de este tipo los hacía convertirse en un 'recipiente completo'. Pero esto no es algo que suceda de repente; es el equivalente de las famosas iluminaciones que aparecen cuando un maestro golpea con la vara a su alumno: pueden darse porque quien recibe el golpe ha pasado ya por un largo proceso. Así, alguien cuyo arte sea aún inmaduro puede conocer a monjes iluminados y sabios, pero no experimentará ningún despertar."

-- *El Sermón del Tengu. Issai Chozanshi*

Aprendiendo de todas las cosas

Si pones atención, cada cosa entre el Cielo y la Tierra puede servirte para aprender, nada hay que no pueda convertirse en tu maestro.

En el pasado hubo grandes generales que pusieron gran atención en observar el trabajo y la vida diaria de la gente rústica y común, y ahí encontraron las semillas de sus estrategias. Esto no se limita sólo a lo militar: si observas las Diez Mil Cosas que te rodean y pones atención, aprenderás de todas ellas. Pero si eres terco y rehúsas aprender así, no serás diferente de un cadáver, y no podrás obtener beneficio alguno de las cosas.

Toma los ejemplos, mantén tu mente alerta para ver semillas de conocimiento en todo cuanto te rodea, y fluye con los cambios que se presentan en cada momento.

-- *El Sermón del Tengu. Issai Chozanshi. Parte IV, pregunta 3.*

Los secretos

Un espíritu preguntó, "Si antes dijiste que no hay nada oculto, ¿por qué existen 'técnicas secretas' en el Arte de la Espada?"

El Tengu se volvió a él para responder, "Los principios del Arte de la Espada son los mismos que los principios del movimiento del Cielo y la Tierra. ¿Cómo puedo ser yo el único en el mundo en saber algo? El uso de 'secretos' es para beneficio de los principiantes. Si ciertas cosas no se mantuvieran en secreto, los principiantes no creerían en ellas y las tomarían a la ligera. Esta es meramente una forma de enseñar.

Los 'secretos' no son más que corolarios de las técnicas; no son especiales ni participan de algún principio más profundo que lo demás. Un principiante entiende poco, escucha a su arbitrio, capta las cosas sólo en lo superficial, y de pronto decide '¡Esto es la Verdad!' cuando encuentra algo que le complace. Así que se hace más daño que bien cuando se revela demasiado. Es por esto que al enseñar, se debe escoger a quienes van dando muestras de entender los significados más allá de las meras palabras.

"Aunque hables de 'principios profundos' y 'técnicas secretas' con gente ajena a tu escuela, puedes hablar y hablar, y no mostrar nada que sea entendido.

"Las técnicas ocultas no son sino una forma de enseñar; una estratagema para quien aún no madura pueda desarrollar sus habilidades de comprensión. Además, si alguien ve tales cosas y su entendimiento no ha madurado, no hará más que denigrarlas usándolas de forma trivial, o criticarlas porque le parezcan poco razonables.

"Como regla general, es mejor discutir las cosas más avanzadas lo menos posible. Aunque en la verdadera Vía nada está oculto, las palabras pueden llegar a lugares donde causen daño en lugar de beneficio. Así que hay ciertas prácticas que es mejor conservar fuera de la vista de la gente en general.

"Los principios de las técnicas de la espada no son diferentes de los principios que rigen la vida diaria: en el Arte de la Espada se emplea la mente, se distingue entre lo claro y lo turbio, y se ven los detalles que separan lo verdadero de lo falso. Esto no es diferente de lo que podemos aplicar en los asuntos cotidianos."

-- El Sermón del Tengu. Issai Chozanshi. Parte III, pregunta 14.

Tomando Té, Disfrutando de las Flores

Tomemos un sorbo de té. El brillo del atardecer ilumina los bambúes, las fuentes cantan con alegría, y un sonido como el murmullo de los pinos ya se escucha en la tetera. Soñemos con lo efímero, y habitemos por un momento en la hermosa simpleza de las cosas.

Como todos los buenos libros, *El Libro del Té* parece haber sido escrito ayer, con nuestro mundo contemporáneo en mente. El extracto anterior es del primer capítulo del libro, "La Copa de la Humanidad", y fue escrito por el autor japonés Kakuzo Okakura en 1906. Las mismas observaciones son hechas en todo tiempo por las mentes claras, como más adelante, en su capítulo de "Elogio de las Flores" donde dice:

Díganme, flores gentiles, lágrimas de estrellas de pie en el jardín, meneando sus cabezas ante las abejas que cantan del rocío y de los rayos de sol, díganme ¿están conscientes del aterrador destino que las espera? Sueñen, regocíjense mientras puedan, en la suave brisa del verano. Mañana, una mano despiadada se cerrará alrededor de sus cuellos. Serán arrancadas, destrozadas parte a parte y arrebatadas de su hogar callado.

Epílogo:
dos imágenes

*

Rodeado de miles de enemigos,
tu cuerpo puede ser hecho pedazos,
pero tu mente seguirá siendo tuya.
Ni el más fuerte enemigo
puede hacer nada en contra de este hecho.

*

El "Gran Monje", ó *Gāosēng* (高僧) es quien no teme a su entorno, quien se ha entendido y por lo tanto ha entendido a su prójimo y para citar a Lin Yutang, es aquél "que vive en lo humano, que come puerco y se relaciona con mujeres, sin trastornar su alma".

Bibliografía

Qian, Zhongshu. "Human Life is like Ice" y "The concepts 'Chinese' and 'Barbarian'". *Limited Views. Essays on Ideas and Letters*. Cambridge, Mass.: Harvard University Press, 1998. pp. 130, y 373-374.

Wang, Yinglin. "El Maestro de Pintura", e "Historia de una madre". *San Zi Jing ('El Libro de los Tres Caracteres')*. An, Hongmin (ed.) Beijing: Editorial Tongxin, 2006. pp. 5-10.

Zhou, Xingsi. "El general Li Guang", "La honestidad de Yan Shu", "Qi Weiwang otoga premios y castigos", "Cui Yan suplanta a Cao Cao", "Che Yin y las luciérnagas", "El despacho bajo el peral", "El mono huérfano", "La constancia de Tang Gao", "Yang Zhen rehúsa el oro", "Una situación precaria", y "Tao Yuanming, el Poeta de los Campos", en *El Libro de las Mil Palabras* (Alfonso Araujo, trad.). Monterrey: Enjambre, 2014. pp. 27-28, 50-51, 58-59, 64-65, 70-71, 74-75, 82-83, 87-88, 106-107, 139-140 y 143-146.

Zuo, Qiuming. "El Duque Zhuang vence a Shuduan", "Bo Ti pide una entrevista con el Duque Wen", "El Duque Wen empieza a educar a su gente", y "El Estado de Zheng hace trípodes inscritos con leyes", en *Crónicas de Primavera y Otoño. Relatos del Confucianismo*. (Alfonso Araujo, trad.) Buenos Aires: Quadrata, 2013. pp. 17-18, 42, 44-45, 73 y 126-127.